Direitos humanos
e cidadania

Direitos humanos e cidadania

Dalmo de Abreu Dallari

Professor titular da Faculdade de Direito da Universidade de São Paulo. Vice-presidente da Comissão Internacional de Juristas, ONG consultora da ONU. Membro da Comissão Justiça e Paz de São Paulo.

2ª edição

Edição reformulada

© DALMO DE ABREU DALLARI 2004
1ª edição 1998

COORDENAÇÃO EDITORIAL José Carlos de Castro
EDIÇÃO DE TEXTO Ademir Garcia Telles
PREPARAÇÃO DE TEXTO Edna Viana
COORDENAÇÃO DE PRODUÇÃO GRÁFICA Fernando Dalto Degan
COORDENAÇÃO DE REVISÃO Estevam Vieira Lédo Jr.
REVISÃO Mania de Livro
EDIÇÃO DE ARTE Ricardo Postacchini
PROJETO GRÁFICO E CAPA Ricardo Postacchini
FOTO CAPA CID
COORDENAÇÃO DE PESQUISA ICONOGRÁFICA Ana Lucia Soares
As imagens identificadas com a sigla CID foram fornecidas pelo Centro de Informação e Documentação da Editora Moderna.
DIAGRAMAÇÃO Ricardo Yorio
COORDENAÇÃO E TRATAMENTO DE IMAGENS Américo Jesus
SAÍDA DE FILMES Helio P. de Souza Filho, Marcio Hideyuki Kamoto
COORDENAÇÃO DE PRODUÇÃO INDUSTRIAL Wilson Aparecido Troque
IMPRESSÃO E ACABAMENTO Log&Print Gráfica, Dados Variáveis e Logística S.A.
LOTE 787199
CÓDIGO 12039455

Dados Internacionais de Catalogação na Publicação (CIP)
(Câmara Brasileira do Livro, SP, Brasil)

Dallari, Dalmo de Abreu, 1931 -
  Direitos humanos e cidadania / Dalmo de Abreu Dallari. — 2. ed. reform. — São Paulo : Moderna, 2004. — (Coleção polêmica)

  1. Cidadania 2. Direitos humanos
  I. Título. II. Série.

03-6873 CDD-373

Índices para catálogo sistemático:
1. Direitos humanos e Cidadania : Estudo e ensino 373

ISBN 85-16-03945-5

Reprodução proibida. Art.184 do Código Penal e Lei 9.610 de 19 de fevereiro de 1998.

Todos os direitos reservados

EDITORA MODERNA LTDA.
Rua Padre Adelino, 758 - Belenzinho
São Paulo - SP - Brasil - CEP 03303-904
Vendas e Atendimento: Tel. (0_ _11) 2790-1300
Fax (0_ _11) 2790-1501
www.modernaliteratura.com.br
2024

Impresso no Brasil
1 3 5 7 9 10 8 6 4 2

Todos os seres humanos nascem livres e iguais em dignidade e direitos. São dotados de razão e consciência e devem agir em relação uns aos outros com espírito de fraternidade.

Artigo I da Declaração Universal dos Direitos Humanos

Sumário

INTRODUÇÃO 9

1. O que são direitos humanos 12
   Direitos humanos: noção e significado 12
   Pessoas com valor igual, mas indivíduos e culturas diferentes 13
   Direitos humanos: faculdade de pessoas livres 14
   Direitos humanos, dignidade da pessoa e solidariedade 15

2. A cidadania e sua história 17
   A cidadania na Antiguidade 17
   As revoluções burguesas e a cidadania 18
   Injustiça legalizada: discriminação pela cidadania 20

3. Direitos e deveres da cidadania 22
   Cidadão, cidadania e integração social 22
   Cidadania: participação na vida pública 23
   A cidadania no Brasil atual 24

4. Convivência numa ordem democrática 26
   A sociedade humana 26
   Convivência necessária 27
   A ordem democrática 29

5. Direito à vida 32

6. Direito de ser pessoa 37

7. Direito à liberdade real 42

8. Direito à igualdade de direitos e oportunidades 46

9. Direito à moradia e à terra 51

10. Direito ao trabalho em condições justas 57

11. Direito de participar das riquezas 62

12. Direito à educação 66

13. Direito à saúde 73

14. Direito ao meio ambiente sadio 79

15. Direito de participar do governo 83

16. Direito de receber os serviços públicos 90

17. Direito à proteção dos direitos 96

CONSIDERAÇÕES FINAIS 100

ANEXO 102
    Declaração Universal dos Direitos Humanos 104

BIBLIOGRAFIA 112

Introdução

Este é um livro de iniciação e, sem pretender mais do que isso, tem por objetivo oferecer os elementos básicos para a introdução da problemática dos direitos humanos, preparando o intelecto e a consciência para estudos e reflexões de maior amplitude e profundidade. Este não é um livro de especulações teóricas mas de considerações sobre os direitos humanos e sua prática.

Como ponto de partida, associando elementos teóricos e informações históricas, será estabelecida uma noção básica de direitos humanos, chamando a atenção para o significado humano e social desses direitos. A pessoa humana, que é o bem mais valioso da humanidade, estará sempre acima de qualquer outro valor.

É evidente que nessa colocação sintética estarão presentes os estudos, as reflexões e as convicções do autor, que invoca em seu favor uma intensa militância pela prática dos direitos humanos. Lecionando, falando e escrevendo sobre temas de direitos humanos, mas, ao mesmo tempo, promovendo a defesa desses direitos em situações concretas, mantendo contato com as comunidades indígenas brasileiras ou indo em missão de juristas aos campos de refugiados da Caxemira (na Índia), o autor tem aperfeiçoado suas concepções teóricas e tem sentido os direitos humanos como problema concreto da humanidade.

Isso tem possibilitado a percepção de que, em se tratando de direitos humanos, as discussões sofisticadas sobre dúvidas teóricas não são indispensáveis nem prioritárias. Muitas vezes, tais discussões podem ser até prejudiciais à prática dos direitos, pois colocam dúvidas estéreis sobre a validade de providências concretamente benéficas. Os estudos e as discussões sobre direitos humanos são importantes na medida em que contribuem para afastar obstáculos à sua efetivação ou para estimular sua defesa, o que só acontece quando, além do interesse teórico, há um efetivo compromisso com a prática.

Em continuidade às reflexões gerais sobre os direitos humanos e como complemento delas, este livro oferece algumas noções teóricas essenciais sobre o conceito de cidadania e, mais adiante, sobre a ordem democrática, mostrando como a evolução histórica do conceito de cidadania sofreu a forte influência de interesses e objetivos políticos, às vezes antidemocráticos. Nessa trajetória, o conceito de cidadania foi manipulado e distorcido, passando a ser usado para legalizar discriminações manifestamente injustas. Feita essa demonstração, seguem-se considerações sobre a noção atual de *cidadania*, palavra que, em certo sentido, tem valor simbólico, restaurando a busca de uma sociedade sem discriminações, na qual os direitos e deveres fundamentais deverão ser iguais para todos.

Para completar a iniciação, é proposto um conjunto de reflexões e discussões sobre aspectos particulares dos direitos humanos geralmente reconhecidos. Em linguagem mais técnica pode-se dizer que, depois do exame dos direitos humanos em geral, passa-se à consideração dos direitos humanos em espécie. O que a História nos ensina é que determinados direitos tiveram muito cedo reconhecimento praticamente unânime, enquanto outros só foram expressamente incorporados ao elenco dos direitos fundamentais da pessoa humana em épocas mais recentes. Existem, ainda, alguns direitos que só agora começam a merecer especial consideração, como vem ocorrendo, por exemplo, com o direito ao meio ambiente sadio.

Sem pretender o aprofundamento das discussões filosóficas sobre temas como a universalidade dos direitos fundamentais da pessoa humana e deixando de lado a questão teórica das sucessivas "gerações de direitos humanos", o que se procura neste livro é oferecer, com simplicidade, um fundamento filosófico para os direitos, ligando-os às peculiaridades da natureza humana. A indicação desse fundamento e a consideração dessas peculiaridades incluem estes pressupostos básicos: a) a pessoa humana é, essencialmente, a mesma em toda parte; b) é indispensável ter em conta a individualidade das pessoas e a peculiaridade das culturas.

No desenvolvimento dos temas, serão postos em evidência a importância de cada um dos direitos analisados e seu significado para as pessoas e as sociedades humanas, sempre tendo em conta as circunstâncias históricas, políticas e sociais e ressaltando a insuficiência da proclamação apenas formal desses direitos. Além disso, considerando a pessoa em suas dimensões material e espiritual, os direitos serão analisados como faculdades naturais e exigências práticas de uma pessoa humana, que não existe fora do social. Desse modo se chega à solidariedade humana como exigência ética e natural, bem como ao direito e dever de participação de todos nas decisões de interesse comum.

Finalmente, é importante ter em conta que este livro deverá ser utilizado como um ponto de partida, um repositório básico de informações e de ideias, um roteiro para trabalhos individuais e para reflexões em grupos. Seria impossível produzir um livro que abrangesse todas as situações que implicam problemas de direitos humanos ou que considerasse toda a extensão de cada um dos direitos. A observação e a reflexão, além da própria evolução histórica, é que irão revelando novas abrangências. O que se pretende é que este livro contribua para despertar o interesse pelos direitos humanos e para a percepção de que a garantia desses direitos, de modo igual para todos os seres humanos, é indispensável para que as pessoas sejam felizes e vivam em paz.

1. O que são direitos humanos

A COMPREENSÃO DO VERDADEIRO SENTIDO DA EXPRESSÃO *DIREITOS HUMANOS* É NECESSÁRIA PARA SUPERAR PRECONCEITOS E EVITAR DESVIRTUAMENTOS. AS PESSOAS HUMANAS, TITULARES DOS DIREITOS HUMANOS, SÃO TODAS IGUAIS EM VALOR, DIREITOS E DIGNIDADE. POR ISSO É NECESSÁRIO RESPEITAR AS DIFERENÇAS DEVIDAS A FATORES CULTURAIS E AGIR COM ESPÍRITO DE SOLIDARIEDADE.

Direitos humanos: noção e significado

A expressão *direitos humanos* é uma forma abreviada de mencionar os direitos fundamentais da pessoa humana. Esses direitos são considerados fundamentais porque sem eles a pessoa humana não consegue existir ou não é capaz de se desenvolver e de participar plenamente da vida. Todos os seres humanos devem ter asseguradas, desde o nascimento, as condições mínimas necessárias para se tornarem úteis à humanidade, como também devem ter a possibilidade de receber os benefícios que a vida em sociedade pode proporcionar. Esse conjunto de condições e de possibilidades associa as características naturais dos seres humanos, a capacidade natural de cada pessoa e os meios de que a pessoa pode valer-se como resultado da organização social. É a esse conjunto que se dá o nome de *direitos humanos*.

Para entendermos com facilidade o que significam direitos humanos, basta dizer que tais direitos correspondem a necessidades essenciais da pessoa humana. Trata-se daquelas necessidades que são iguais para todos os seres humanos e que devem ser atendidas para que a pessoa possa viver com a dignidade que deve ser assegurada a todas as pessoas. Assim, por exemplo, a vida é um direito humano fundamental, porque sem ela a pessoa não existe. Então a preservação da vida é uma necessidade de todas as pessoas humanas. Mas, observando como são e como vivem os seres humanos, vamos percebendo a existência de outras necessidades que são também fundamentais, como a alimentação, a saúde, a moradia, a educação, e tantas outras coisas.

Pessoas com valor igual, mas indivíduos e culturas diferentes

Não é difícil reconhecer que todas as pessoas humanas têm aquelas necessidades e por esse motivo, como todas as pessoas são iguais — uma não vale mais do que a outra, uma não vale menos do que a outra —, reconhecemos também que todos devem ter a possibilidade de satisfazer aquelas necessidades.

Um ponto deve ficar claro, desde logo: a afirmação da igualdade de todos os seres humanos não quer dizer igualdade física nem intelectual ou psicológica. Cada pessoa humana tem sua individualidade, sua personalidade, seu modo próprio de ver e de sentir as coisas. Assim, também, os grupos sociais têm sua cultura própria, que é resultado de condições naturais e sociais. Um grupo humano que sempre viveu perto do mar será diferente daquele que vive, tradicionalmente, na mata, na montanha ou numa região de planícies. Do mesmo modo, os costumes e as relações sociais da população de uma grande metrópole não serão os mesmos da população de uma cidadezinha pobre do interior, distante e isolada dos grandes centros. Da mesma forma, ainda, a cultura de uma população predominantemente católica será diferente da cultura de uma população muçulmana ou budista.

Em tal sentido as pessoas são diferentes, mas continuam todas iguais como seres humanos, tendo as mesmas necessidades e faculdades essenciais. Disso decorre a existência de direitos fundamentais, que são iguais para todos.

Direitos humanos: faculdade de pessoas livres

Todas as pessoas nascem essencialmente iguais e, portanto, com direitos iguais. Mas, ao mesmo tempo que nascem iguais, todas as pessoas nascem livres. Essa liberdade está dentro delas, em sua inteligência e consciência. É evidente que todos os seres humanos acabarão sofrendo as influências da educação que receberem e do meio social em que viverem, mas isso não elimina sua liberdade essencial. É por isso que muitas vezes uma pessoa mantém um modo de vida até certa idade e depois muda completamente. Essa pessoa estava vivendo sob certas influências mas continuava livre e num determinado momento decidiu usar sua liberdade para mudar de rumo.

Uma consequência disso é que não podemos obrigar uma pessoa a usar de todos os seus direitos, pois é preciso respeitar a liberdade, que também é um direito fundamental da pessoa humana. Mas é indispensável que todos tenham, concretamente, a mesma possibilidade de gozar dos direitos fundamentais. Por esse motivo dizemos que gozar de um direito é uma faculdade da pessoa humana, não uma obrigação.

Assim, pois, é preciso ter sempre em conta que todas as pessoas nascem com os mesmos direitos fundamentais. Não importa se a pessoa é homem ou mulher, não importa onde a pessoa nasceu nem a cor de sua pele, não importa se a pessoa é rica ou pobre, como também não são importantes o nome de família, a profissão, a preferência política ou a crença religiosa. Os direitos humanos fundamentais são os mesmos para todos os seres humanos. E esses direitos continuam existindo mesmo para aqueles que cometem crimes ou praticam atos que prejudicam as pessoas ou a sociedade. Nesses casos, aquele que praticou o ato contrário ao bem da humanidade deve sofrer a punição prevista numa lei já existente, mas sem esquecer que o criminoso ou quem praticou um ato antissocial continua a ser uma pessoa humana.

Direitos humanos, dignidade da pessoa e solidariedade

Para os seres humanos não pode haver coisa mais valiosa do que a pessoa humana. Essa pessoa, por suas características naturais, por ser dotada de inteligência, consciência e vontade, por ser mais do que uma simples porção de matéria, tem uma dignidade que a coloca acima de todas as coisas da natureza. Mesmo as teorias chamadas materialistas, que não querem aceitar a espiritualidade da pessoa humana, sempre foram forçadas a reconhecer que existe em todos os seres humanos uma parte não-material. Existe uma dignidade inerente à condição humana, e a preservação dessa dignidade faz parte dos direitos humanos.

O respeito pela dignidade da pessoa humana deve existir sempre, em todos os lugares e de maneira igual para todos. O crescimento econômico e o progresso material de um povo têm valor negativo se forem conseguidos à custa de ofensas à dignidade de seres humanos. O sucesso político ou militar de uma pessoa ou de um povo, bem como o prestígio social ou a conquista de riquezas, nada disso é válido ou merecedor de respeito se for conseguido mediante ofensas à dignidade e aos direitos fundamentais dos seres humanos.

No ano de 1948 a Organização das Nações Unidas (ONU) aprovou a Declaração Universal dos Direitos Humanos, que diz em seu artigo I que "todos os seres humanos nascem livres e iguais em dignidade e direitos". Além disso, segundo a Declaração, todos devem agir, uns em relação aos outros, "com espírito de fraternidade". A pessoa consciente do que é e do que os outros são, a pessoa que usa sua inteligência para perceber a realidade, sabe que não teria nascido e sobrevivido sem o amparo e a ajuda de muitos. E todos, mesmo os adultos saudáveis e muito ricos, podem facilmente perceber que não podem dispensar a ajuda constante de muitas pessoas, para conseguirem satisfazer suas necessidades básicas. Existe, portanto, uma solidariedade natural, que decorre da fragilidade da pessoa humana e que deve ser completada com o sentimento de solidariedade.

Aí está o ponto de partida para a concepção básica dos direitos humanos neste começo de milênio. Se houver respeito aos direitos humanos de todos e se houver solidariedade, mais do que egoísmo, no relacionamento entre as pessoas, as injustiças sociais serão eliminadas e a humanidade poderá viver em paz.

2. A cidadania e sua história

A PALAVRA *CIDADANIA*, USADA NA ANTIGUIDADE, FOI RETOMADA NOS SÉCULOS XVII E XVIII, NO QUADRO DAS LUTAS CONTRA O ABSOLUTISMO. EXPRESSANDO A SÍNTESE DA LIBERDADE INDIVIDUAL E DA IGUALDADE DE TODOS, FOI DESVIRTUADA NO FINAL DA REVOLUÇÃO FRANCESA, SENDO UTILIZADA PARA FORMALIZAR INJUSTIÇAS LEGALIZADAS. CORREÇÃO DESSE DESVIRTUAMENTO.

A cidadania na Antiguidade

A palavra *cidadania* foi usada na Roma antiga para indicar a situação política de uma pessoa e os direitos que essa pessoa tinha ou podia exercer. A sociedade romana fazia discriminações e separava as pessoas em classes sociais. Havia, em primeiro lugar, os romanos e os estrangeiros, mas os romanos não eram considerados todos iguais, existindo várias categorias. Em relação à liberdade das pessoas era feita a diferenciação entre livres e escravos, mas entre os que eram livres também não havia igualdade, fazendo-se distinção entre os patrícios — membros das famílias mais importantes que tinham participado da fundação de Roma e por isso considerados nobres — e os plebeus — pessoas comuns que não tinham o direito de ocupar todos os cargos políticos. Com o tempo foram sendo criadas categorias intermediárias, para que alguns plebeus recebessem um título que os colocava mais próximos dos patrícios e lhes permitia ter acesso aos cargos mais importantes.

Quanto à possibilidade de participar das atividades políticas e administrativas havia uma distinção importante entre os próprios romanos. Os romanos livres tinham cidadania; eram, portanto, cidadãos, mas nem todos podiam ocupar os cargos políticos, como o de senador ou de magistrado, nem os mais altos cargos administrativos. Fazia-se uma distinção entre *cidadania* e *cidadania ativa*. Só os cidadãos ativos tinham o direito de participar das atividades políticas e de ocupar os mais altos postos da Administração Pública. Uma particularidade que deve ser ressaltada é que as mulheres não tinham a cidadania ativa, e por esse motivo nunca houve mulheres no Senado nem nas magistraturas romanas.

As revoluções burguesas e a cidadania

Nos séculos XVII e XVIII, quando na Europa já estavam começando os tempos modernos, havia também a divisão da sociedade em classes, lembrando muito a antiga divisão romana. Os nobres gozavam de muitos privilégios, eram proprietários de grandes extensões de terras, não pagavam impostos e ocupavam os cargos políticos mais importantes. Ao lado deles existiam as pessoas chamadas *comuns*, mas entre estas havia grande diferença entre os que eram ricos, que compunham a *burguesia*, e os outros que, por não terem riqueza, viviam de seu trabalho, no campo ou na cidade. Nessa fase da história da humanidade vamos encontrar os reis que governavam sem nenhuma limitação, com poderes absolutos, e por isso o período é conhecido como do *absolutismo*.

Houve um momento em que os burgueses e os trabalhadores já não suportavam as arbitrariedades e as injustiças praticadas pelos reis absolutistas e pela nobreza, e por esse motivo, unindo-se todos contra os nobres, fizeram uma série de revoluções, conhecidas como *revoluções burguesas*. Desse modo foi feita a revolução na Inglaterra, nos anos de 1688 e

1689, quando o rei perdeu muito de seus poderes e os burgueses passaram a dominar o Parlamento, passando os nobres, que eram chamados *lordes*, para segundo plano. Nessa época a Inglaterra tinha treze colônias na América do Norte. Influenciadas pelo que acontecia na Inglaterra, as pessoas mais ricas dessas colônias, incluindo os proprietários de terras e os grandes comerciantes, promoveram uma revolução no século seguinte. Desse modo proclamaram a independência das colônias, em 1776. Alguns anos mais tarde, em 1787, resolveram unir-se e criaram um novo Estado, que recebeu o nome de Estados Unidos da América.

Dois anos depois, em 1789, ocorreu na França um movimento revolucionário semelhante, que passou para a história com o nome de *Revolução Francesa*. Esse movimento foi muito importante porque influiu para que grande parte do mundo adotasse o novo modelo de sociedade, criado em consequência da Revolução. Foi nesse momento e nesse ambiente que nasceu a moderna concepção de cidadania, que surgiu para afirmar a eliminação de privilégios mas que, pouco depois, foi utilizada exatamente para garantir a superioridade de novos privilegiados.

No dia 14 de julho de 1789 o povo invadiu a prisão da Bastilha, na cidade de Paris, onde se achavam presos os acusados de serem inimigos do regime político absolutista. Esse fato marcou o início de uma série de modificações importantes na organização social da França e no seu sistema de governo, estando entre essas modificações a eliminação dos privilégios da nobreza. Por esse motivo a tomada da Bastilha passou a ser comemorada como o dia da Revolução Francesa, mas a Revolução se caracteriza por um conjunto de fatos que tem início bem antes daquela data.

Uma das inovações importantes, ocorrida algumas décadas antes, foi justamente o uso das palavras *cidadão* e *cidadã*, para simbolizar a igualdade de todos. Vários escritores políticos vinham defendendo a ideia de que todos os seres humanos nascem livres e são iguais, devendo ter os mesmos direitos. Isso foi defendido pelos burgueses, que desejavam ter o direito de participar do governo, para não ficarem mais sujeitos a regras que só convinham ao rei e aos nobres. O povo que trabalhava, que vivia de salários e que dependia dos mais ricos também queria o reconhecimento da igualdade, achando que, se todos fossem iguais, as pessoas mais humildes também poderiam participar do governo e desse modo as leis seriam mais justas.

Cabe lembrar que as mulheres também tiveram importante participação nos movimentos políticos e sociais da Revolução Francesa. Quando se falava nos direitos da cidadania, a intenção era dizer que todos deveriam ter o mesmo direito de participar do governo, não havendo mais diferença entre nobres e não-nobres nem entre ricos e pobres ou entre homens e mulheres.

Para sintetizar num documento sua intenção de apontar novos caminhos para toda a humanidade, os revolucionários franceses publicaram em 1789 uma proclamação que foi intitulada "Declaração dos Direitos do Homem e do Cidadão", pretendendo que ela tivesse caráter universal, afirmando a liberdade e a igualdade como direitos de todos e enumerando outros direitos também considerados fundamentais. Essa Declaração foi importante porque exerceu grande influência sobre muitos movimentos políticos e sociais que visavam à conquista da liberdade para os indivíduos e os povos. Entretanto, muitos dos seus preceitos foram logo esquecidos, merecendo especial atenção o fato de que a igualdade deixou de ser proclamada como direito de todos, surgindo logo novas desigualdades que substituíram aquelas combatidas pelos revolucionários franceses.

Injustiça legalizada: discriminação pela cidadania

No ano de 1791 os líderes da Revolução Francesa, reunidos numa Assembleia, aprovaram a primeira Constituição francesa e aí já estabeleceram regras que deformavam completamente a idéia de cidadania. Recuperando a antiga diferenciação romana entre cidadania e cidadania ativa, os membros da Assembleia e os legisladores que vieram depois estabeleceram que para ter participação na vida política, votando e recebendo mandato e ocupando cargos elevados na Administração Pública, era preciso ser cidadão ativo, não bastava ser cidadão. E dispuseram que para ter a cidadania ativa eram necessários certos requisitos que logo mais serão especificados, não bastando ser pessoa.

A partir daí a cidadania continuou a indicar o conjunto de pessoas com direito de participação política, falando-se nos "direitos da cidadania" para indicar os direitos que permitem participar do governo ou influir sobre ele, o direito de votar e ser votado, bem como o direito de ocupar os cargos públicos considerados mais importantes. Mas a cidadania deixou de ser um símbolo da igualdade de todos, e a derrubada dos privilégios da nobreza deu lugar ao aparecimento de uma nova classe de privilegiados.

A Constituição francesa de 1791, feita pouco depois da Declaração de Direitos de 1789, manteve a monarquia hereditária, o que já significava um privilégio para uma família. Além disso, contrariando a afirmação de igualdade de todos, estabeleceu que somente os cidadãos ativos poderiam ser eleitos para a Assembleia Nacional. Ficou sendo também um privilégio dos cidadãos ativos o direito de votar para escolher os membros da Assembleia. E para ser cidadão ativo era preciso, entre outras coisas, ser francês do sexo masculino, não ter a condição de empregado, pagar uma contribuição equivalente a três jornadas, devendo o legislativo fixar o valor da jornada, além de ser inscrito na municipalidade de seu domicílio como integrante da guarda nacional.

As mulheres, os trabalhadores, as camadas mais pobres da sociedade, todos esses grupos sociais foram excluídos da cidadania ativa e tiveram que iniciar uma nova luta, desde o começo do século XIX, para obterem os direitos da cidadania. Foram, até agora, duzentos anos de lutas, que já proporcionaram muitas vitórias, mas ainda falta caminhar bastante para que a cidadania seja, realmente, expressão dos direitos de todos e não privilégio dos setores mais favorecidos da sociedade.

3. Direitos e deveres da cidadania

Através do conceito de cidadania afirmam-se os direitos fundamentais da pessoa humana, na perspectiva da convivência, que é necessidade essencial de todos os seres humanos. Assim, conjugando-se os aspectos individual e social, acentua-se também o dever de participação, inerente à cidadania. A aspiração à cidadania e suas limitações no Brasil atual.

Cidadão, cidadania e integração social

A cidadania expressa um conjunto de direitos que dá à pessoa a possibilidade de participar ativamente da vida e do governo de seu povo. Quem não tem cidadania está marginalizado ou excluído da vida social e da tomada de decisões, ficando numa posição de inferioridade dentro do grupo social. Por extensão, a cidadania pode designar o conjunto das pessoas que gozam daqueles direitos. Assim, por exemplo, pode-se dizer que todo brasileiro, no exercício de sua cidadania, tem o direito de influir sobre as decisões do governo. Mas também se pode aplicar isso ao conjunto dos brasileiros, dizendo-se que a cidadania brasileira exige que seja respeitado seu direito de influir nas decisões do governo. Neste caso se entende que a exigência não é de um cidadão mas do conjunto de cidadãos.

Na Grécia antiga, como se lê no filósofo Aristóteles (384 a.C.-322 a.C.), já havia o reconhecimento do direito de participar ativamente da vida da cidade, tomando decisões políticas, embora esse direito ficasse restrito a um número pequeno de pessoas. Em Roma, como anteriormente mencionado, foi feita a classificação das pessoas para efeito de cidadania. Os estrangeiros e os escravos estavam excluídos da cidadania, e, além disso, só uma parte dos cidadãos romanos gozava da cidadania ativa. E só o cidadão ativo tinha o direito de ocupar cargos públicos importantes e de participar das decisões políticas, especialmente através do voto.

Cidadania: participação na vida pública

Foi a partir da concepção romana que se adotou o conceito de cidadania, na França do século XVIII, como foi acima exposto. E foi também a partir da França que se introduziu nas legislações modernas a diferenciação entre cidadania e cidadania ativa.

A cidadania, que no século XVIII teve sentido político, ligando-se ao princípio da igualdade de todos, passou a expressar uma situação jurídica, indicando um conjunto de direitos e de deveres jurídicos. Na terminologia atual, cidadão é o indivíduo vinculado à ordem jurídica de um Estado. Essa vinculação pode ser determinada pelo local do nascimento ou pela descendência, bem como por outros fatores, dependendo das leis de cada Estado. Assim, por exemplo, o Brasil considera seus cidadãos, como regra geral, as pessoas nascidas em território brasileiro ou que tenham mãe ou pai brasileiro.

Essa vinculação significa que o indivíduo terá todos os direitos que a lei assegura aos cidadãos daquele Estado, tendo também o direito de receber a proteção de seu Estado se estiver em território estrangeiro. Desde o começo do século XIX foi estabelecida a ideia de que direitos específicos da cidadania são aqueles relacionados com o governo e a vida pública. Em primeiro lugar, o direito de votar e ser votado, mas a par disso existem outros direitos exclusivos dos cidadãos. Entre estes se acha o direito de ser membro do Tribunal do Júri, além do direito de ter um cargo, emprego ou função na Administração Pública.

A cidadania no Brasil atual

A Constituição brasileira de 1988 assegura aos cidadãos brasileiros os direitos já tradicionalmente reconhecidos, como o direito de votar para escolher representantes no Legislativo e no Executivo e o direito de se candidatar para esses cargos. Não ficou, porém, apenas nisso, sendo importante assinalar que essa Constituição ampliou bastante os direitos da cidadania.

Como inovação, foi dado ao cidadão o direito de apresentar projetos de lei, por meio de iniciativa popular, tanto ao Legislativo federal quanto às Assembléias Legislativas dos Estados e às Câmaras Municipais. Foi assegurado também o direito de participar de plebiscito ou referendo, quando forem feitas consultas ao povo brasileiro sobre projetos de lei ou atos do governo. Além disso, foi atribuído aos cidadãos brasileiros o direito de propor certas ações judiciais, denominadas *garantias constitucionais*, especialmente previstas para a garantia de direitos fundamentais. Entre essas ações estão a ação popular e o mandado de segurança, que visam impedir abusos de autoridades em prejuízo de direitos de um cidadão ou de toda a cidadania.

A par disso, a Constituição prevê a participação obrigatória de representantes da comunidade em órgãos de consulta e decisão sobre os direitos da criança e do adolescente, bem como na área da educação e da saúde. Essa participação configura o exercício de direitos da cidadania e é muito importante para a democratização da sociedade.

Em todos os Estados do mundo, inclusive no Brasil, a legislação estabelece exigências mínimas para que um cidadão exerça os direitos relacionados com a vida pública, o que significa a imposição de restrições para que alguém exerça os direitos da cidadania. De certo modo, isso mantém a diferenciação entre cidadãos e cidadãos ativos. O dado novo é que no século XX, sobretudo a partir de sua segunda metade, houve o reconhecimento de que muitas dessas restrições eram antidemocráticas, e por isso elas foram sendo eliminadas. Um exemplo muito expressivo dessa mudança é o que aconteceu com os direitos de cidadania das mulheres. Em grande parte do mundo as mulheres conquistaram o direito de votar e de ocupar todos os cargos públicos, eliminando-se uma discriminação injusta, que, no entanto, para muitos efeitos ainda permanece na prática.

Por último, é importante assinalar que os direitos da cidadania são, ao mesmo tempo, deveres. Pode parecer estranho dizer que uma pessoa tem o dever de exercer seus direitos, porque isso dá a impressão de que tais direitos são convertidos em obrigações. Mas a natureza associativa da pessoa humana, a solidariedade natural característica da humanidade, a fraqueza dos indivíduos isolados quando devem enfrentar o Estado ou grupos sociais poderosos são fatores que tornam necessária a participação de todos nas atividades sociais. Acrescente-se a isso a impossibilidade de viver democraticamente se os membros da sociedade não externarem suas opiniões e sua vontade. Tudo isso torna imprescindível que os cidadãos exerçam seus direitos de cidadania.

4. Convivência numa ordem democrática

A SOCIEDADE HUMANA É PRODUTO DA NECESSIDADE DE CONVIVÊNCIA, QUE É CONDIÇÃO ESSENCIAL PARA QUE AS PESSOAS POSSAM GOZAR DE SEUS DIREITOS. ESSA CONVIVÊNCIA DEVE SER ORDENADA, PARA EVITAR CONFLITOS E ASSEGURAR AS MESMAS POSSIBILIDADES A TODOS, DEVENDO TAMBÉM SER DEMOCRÁTICA, PARA QUE OS DIREITOS NÃO SE REDUZAM A PRIVILÉGIOS DE ALGUNS.

A sociedade humana

A sociedade humana é um conjunto de pessoas, ligadas entre si pela necessidade de se ajudarem umas às outras no plano material, bem como pela necessidade de comunicação intelectual, afetiva e espiritual, a fim de que possam garantir a continuidade da vida e satisfazer seus interesses e desejos.

Sem a vida em sociedade as pessoas não conseguiriam sobreviver, pois o ser humano, desde que nasce e durante muito tempo, necessita de outros para conseguir alimentação, abrigo e outros bens e serviços indispensáveis. E no mundo moderno, com a grande maioria das pessoas morando nas cidades e com o aumento das populações, persistiram e ganharam maior volume as antigas necessidades e a elas se acrescentaram outras, em consequência de hábitos e modos de vida que tornaram necessários muitos outros bens. Os avanços tecnológicos criam novas possibilidades e muitas vezes facilitam a vida das pessoas, mas ao mesmo tempo impõem a mudança de hábitos e geram dependências, criando novas necessidades que só podem ser atendidas mediante a colaboração de muitas pessoas.

Basta lembrar a enorme quantidade e variedade de objetos que utilizam metais trabalhados, o que pressupõe a extração de minérios, seu transporte, sua transformação e sua industrialização ou sua manipulação artesanal. Observação semelhante pode ser feita em relação à busca de fontes de energia e à utilização de objetos de matéria plástica. Não há quem não necessite, muitas vezes por dia, desses e de outros bens, que só podem ser obtidos com o trabalho de grande número de pessoas.

Mas as necessidades dos seres humanos não são apenas de ordem material, como alimentos, roupas, moradia, meios de transporte e cuidados de saúde. Elas são também de ordem espiritual e psicológica. Toda pessoa humana necessita de afeto, precisa amar e sentir-se amada, quer sempre que alguém lhe dê atenção e que todos a respeitem. Além disso, todo ser humano tem suas crenças, tem sua fé em alguma coisa, que é a base de suas esperanças.

Convivência necessária

Os seres humanos vivem juntos, vivem em sociedade não apenas porque escolheram esse modo de vida, mas porque a vida em sociedade é uma necessidade da natureza humana. Assim, por exemplo, se dependesse apenas da vontade, seria possível uma pessoa muito rica isolar-se em algum lugar, onde tivesse armazenada grande quantidade de alimentos. Mas essa pessoa estaria, em pouco tempo, sentindo falta de companhia, sofrendo a tristeza da solidão, precisando de alguém com quem falar e trocar ideias, necessitada de dar e receber afeto. E muito provavelmente ficaria louca se continuasse sozinha por muito tempo.

Mas, justamente porque vivendo em sociedade é que a pessoa humana pode satisfazer suas necessidades, é preciso que a sociedade seja organizada de tal modo que sirva, realmente, para esse fim. Não basta que a vida social permita a satisfação de todas as necessidades de apenas algumas pessoas; é preciso considerar as necessidades de todos os membros da sociedade. E para impedir que todos sejam submetidos aos interesses dos mais fortes e poderosos é indispensável a existência de regras de convivência que fixem direitos e obrigações.

As regras de comportamento social, mesmo quando refletem a vontade da grande maioria dos membros de um grupo social, são vistas sempre como limitações, que restringem a liberdade individual. Entretanto, é preciso ter em conta, antes de tudo, que o ser humano é associativo por natureza. Isso já foi afirmado há mais de dois mil anos pelo filósofo grego Aristóteles, quando escreveu que "o homem é um animal político", querendo dizer, em linguagem de hoje, que o ser humano é um animal que não vive fora da sociedade.

Cada ser humano é um indivíduo e tem seus direitos próprios, mas nenhum pode viver sem a companhia e o apoio de outros indivíduos, que têm os mesmos direitos fundamentais. Isso torna indispensável a convivência permanente, e é por esse motivo que existem as sociedades humanas.

Como todos os seres humanos são livres e cada um tem sua individualidade, a convivência é fonte permanente de divergências e de conflitos. Para que seja possível a convivência harmônica, necessária e benéfica, é indispensável que existam as regras de organização e de comportamento social. Essas regras não devem ser impostas por uma pessoa ou por um grupo social sem a participação dos demais membros da sociedade, pois isso afrontaria o direito à igualdade. Assim, por mecanismos democráticos, respeitando a liberdade e a igualdade de todos, são fixadas as regras. E aquelas consideradas mais importantes são de obediência obrigatória. É assim, e para isso, que nasce o direito, e é desse modo que se estabelece uma organização justa para a sociedade humana.

Como síntese da organização justa, pode-se dizer que existe justiça quando todos os meios de que a sociedade dispõe são organizados e utilizados para consecução do bem comum e não do bem particular de um indivíduo ou de um grupo. A expressão *bem comum*, que já aparece na obra de Aristóteles, filósofo grego que viveu em Atenas no quarto século antes da era cristã, foi desvirtuada por alguns autores do século XX, interessados exclusivamente nas riquezas materiais. Desse modo, deram-lhe o sentido de bem-estar material. Entretanto, corrigindo essa distorsão e afirmando que a sociedade e o Estado devem procurar o benefício da pessoa humana integral, em suas dimensões material e espiritual, o papa João XXIII, em suas encíclicas sociais "Mater et Magistra", de 1961, e "Pacem In Terris", de 1963, assim conceituou o bem comum: "conjunto das condições de vida social que consintam e favoreçam o desenvolvimento integral da pessoa humana". Está implícito que a sociedade deve ser organizada e deve existir em benefício de todas as pessoas humanas e não de pessoas ou grupos privilegiados.

Fica evidente, portanto, que as regras de comportamento social, que também podem ser denominadas *regras de convivência*, são necessárias e benéficas para a humanidade, mesmo que signifiquem restrições ao comportamento das pessoas. Mas é preciso que essas regras sejam justas, não sendo usadas para garantir privilégios nem para impor tratamento indigno a uma parte da humanidade. Sociedade organizada com justiça é aquela em que se procura fazer com que todas as pessoas, sem discriminações de qualquer espécie, possam satisfazer suas necessidades essenciais, é aquela em que todos, desde o momento em que nascem, têm as mesmas oportunidades, aquela em que os benefícios e encargos são repartidos igualmente entre todos.

Para que essa repartição se faça com justiça, é preciso que todos procurem conhecer seus direitos e exijam que eles sejam respeitados, como também devem conhecer e cumprir seus deveres e suas responsabilidades sociais.

A ordem democrática

Como já foi demonstrado, todos os seres humanos necessitam da convivência, e esta, por sua vez, traz a necessidade de regras de organização e comportamento, para que haja harmonia e solidariedade em benefício de todos. Não basta, porém, a simples existência de regras, as quais, teoricamente, poderiam ser fixadas por uma pessoa ou um grupo social e impostas à obediência de todos. É necessário que tais regras sejam justas, levando em conta as características e os direitos fundamentais de todos os seres humanos.

Ao conjunto sistemático e harmonioso de regras dá-se o nome de *ordem*, sendo indispensável ter em conta, em primeiro lugar, que a ordem humana é uma organização de seres dotados de inteligência e de vontade. Além disso, trata-se de uma ordem dinâmica, em constante mutação, não se confundindo com o simples conjunto de regras escritas, que se pretende que sejam constantes. As leis de um Estado expressam uma parte dessa ordem mas não devem ser confundidas com a própria ordem, pois esta inclui também os valores sociais que influem sobre os comportamentos, assim como os costumes tradicionais e a jurisprudência. Ordem social e ordem jurídica são conceitos muito mais amplos do que ordem legal.

Desde a Antiguidade, especialmente na Grécia, vem sendo procurada a ordem mais conveniente para a convivência humana. Aristóteles observou que a sociedade pode ser governada por um só indivíduo, por um grupo de indivíduos ou por muitos, considerando esta última forma, que está mais próxima da moderna concepção de democracia, a mais justa e mais conveniente.

Nos séculos XVII e XVIII, quando grande parte da Europa tinha governos absolutistas, que não eram limitados por regras e, por isso, cometiam muitas violências contra a pessoa humana, foi retomada a ideia de democracia. Dos estudos e das discussões desse período pode-se concluir que a ordem democrática se fundamenta, essencialmente, em três pontos: o respeito à liberdade, reconhecida como direito fundamental da pessoa humana; o reconhecimento da igualdade como outro direito humano fundamental condicionante da organização social; a supremacia da vontade do povo, que deve ter a possibilidade de decidir, diretamente ou por meio de representantes eleitos, sobre todos os assuntos importantes de seu interesse.

Na consideração da liberdade individual deve estar presente a responsabilidade social que deriva da natureza associativa dos seres humanos. A igualdade democrática deve levar em conta a igualdade quanto aos direitos fundamentais mas também a efetiva igualdade de oportunidades, que é bem mais do que a igualdade apenas formal ou a igualdade perante a lei. E a escolha de representantes deve ser verdadeiramente livre para ser democrática, além de não excluir a possibilidade de controle do desempenho dos representantes pelo povo, bem como a permanente influência do povo sobre o comportamento dos eleitos. Atendidos esses requisitos, a ordem democrática será, ao mesmo tempo, uma ordem justa e adequada para a proteção e promoção dos direitos humanos fundamentais e da dignidade de todos os seres humanos.

5. Direito à vida

A VIDA É O PRIMEIRO BEM DA PESSOA HUMANA, POIS SEM A GARANTIA DA VIDA A PRÓPRIA PESSOA DESAPARECE E NENHUM DIREITO PODERÁ EXISTIR. GARANTIR O DIREITO À VIDA NÃO É APENAS IMPEDIR QUE UMAS PESSOAS MATEM OUTRAS, MAS EXIGE O RESPEITO À INTEGRIDADE DA PESSOA E A POSSIBILIDADE DE SOBREVIVÊNCIA DIGNA E DE DESENVOLVIMENTO INDIVIDUAL.

A vida é necessária para que uma pessoa exista. Todos os bens de uma pessoa, o dinheiro e as coisas que ela acumulou, seu prestígio político, seu poder militar, o cargo que ela ocupa, sua importância na sociedade, até mesmo seus direitos, tudo isso deixa de ser importante quando acaba a vida. Tudo o que uma pessoa tem perde o valor, deixa de ter sentido quando ela perde a vida. Por isso pode-se dizer que a vida é o bem principal de qualquer pessoa, é o primeiro valor moral de todos os seres humanos.

Não são os homens que criam a vida. No máximo os seres humanos são capazes de perceber que em determinadas condições, quando se juntam certos elementos, a vida começa a existir. Os cientistas podem até juntar num vidrinho, numa proveta, os elementos que geram a vida, mas não conseguem criar esses elementos. Na verdade, nenhum homem conseguiu inventar ou criar a vida, dominar o começo da vida.

E, como não é capaz de criar a vida de um ser humano, nenhuma pessoa deve ter o direito de matar outro ser humano, de fazer acabar a vida de outra pessoa. A vida não é dada pelos seres humanos, pela sociedade ou pelo governo, e quem não é capaz de dar a vida não deve ter o direito de tirá-la.

É preciso lembrar que a vida é um bem de todas as pessoas, de todas as idades e de todas as partes do mundo. Nenhuma vida humana é diferente de outra, nenhuma vale mais nem vale menos do que outra. E nenhum bem humano é superior à vida. Por esses motivos não é justo matar uma pessoa ou muitas pessoas para que algumas pessoas fiquem mais ricas ou mais poderosas, para satisfazer as ambições ou a intolerância de alguns, nem para que uma parte da humanidade viva com mais conforto ou imponha ao resto do mundo seu sistema de vida.

Quando uma pessoa mata outra por ódio, por vingança ou para obter algum proveito, está cometendo um ato imoral, está ofendendo o bem maior, a vida, a que nenhum outro se iguala.

E, quando uma pessoa ou um grupo de pessoas mata alguém, porque a vítima era criminoso ou marginal, está cometendo, além disso, um grave erro. O homicídio não resolve problemas individuais ou sociais, mas, longe disso, é fonte de problemas. Aquele que matou deverá responder por seu ato homicida e será punido por ele, pois só o Estado tem o direito e o dever de julgar e punir os criminosos, dentro da lei e com justiça, retirando o criminoso do meio da sociedade para ensiná-lo a respeitar os valores humanos e sociais.

Uma questão muito importante, que precisa ser lembrada porque está diretamente relacionada com o direito à vida, é a existência da pena de morte em muitos países. Antes de tudo, a pena de morte é contraditória, pois, ao aplicá-la contra alguém que não respeitou os direitos, o Estado também está desrespeitando um direito fundamental, que é o direito à vida. A pena de morte é imoral, pois para sua aplicação o Poder

Público deve contratar alguém para matar, ou seja, paga uma pessoa, usando dinheiro público, para cometer um assassinato legal. Além disso, a experiência mostra que a pena de morte é inútil, pois nos países em que ela existe continua alta a criminalidade grave, como é o caso dos Estados Unidos. Em sentido contrário, onde ela foi abolida a criminalidade não aumentou, como aconteceu na Inglaterra.

No Brasil a pena de morte é proibida pela Constituição, que adota o princípio da inviolabilidade do direito à vida. É oportuno lembrar que no século XIX havia pena de morte no Brasil. Ela passou a ser proibida depois de um caso escandaloso de erro judiciário. Um homem foi acusado de ter cometido um crime violento e por isso foi condenado à morte. Depois de executada a pena, surgiram provas de que tinha havido um erro, pois o verdadeiro criminoso era outra pessoa, que confessou o crime. Assim, a par de todos os vícios e inconvenientes da pena de morte, existe mais este: se ela for executada injustamente, não há como voltar atrás. Esse é mais um dos aspectos a serem considerados no estudo do direito à vida e de sua proteção.

Além desses aspectos, é preciso ter em conta que a repetição de crimes contra a vida pode gerar a ideia de que a vida não é um bem muito importante, e com isso todas as vidas passam a ser menos respeitadas.

A guerra é outra forma extremamente imoral de atentado contra a vida humana. Na origem das guerras está, geralmente, a ambição econômica dos que desejam vender armamentos ou conquistar territórios, a ambição de mando ou a vaidade dos que pretendem poder político ou, então, está a intolerância de seres humanos que querem impor aos outros sua vontade, seus valores, seu sistema político e econômico.

A guerra é imoral porque sacrifica vidas humanas com o objetivo de satisfazer interesses mesquinhos. Além disso tudo, a guerra é imoral porque consome, no comércio da morte, quantias elevadíssimas que deveriam ser utilizadas para a promoção da vida.

Outra prática imoral e que atenta contra a vida é o genocídio, muito em uso atualmente. Entende-se por genocídio a matança de grupos populacionais com características diferenciadas, por meios diretos ou indiretos. O genocídio pode ser motivado por ódio racial ou por interesses políticos ou econômicos.

Um caso escandaloso de genocídio é o que vem acontecendo com os índios brasileiros. Agredidos, escravizados, mortos, expulsos de suas terras e impedidos de preservar sua cultura desde a chegada dos portugueses ao Brasil, em 1500, os índios foram sendo dizimados através da história. Calcula-se que eles fossem mais de cinco milhões quando ocorreu a invasão europeia e hoje, embora não haja estatísticas precisas, muitos antropólogos e indigenistas afirmam que eles são pouco mais de trezentos mil.

Nos últimos tempos, com a supervalorização do desenvolvimento econômico sem qualquer respeito pela pessoa humana, as agressões contra as populações indígenas se tornaram mais intensas. Ou os índios são mortos por armas de fogo ou morrem de doenças que não existiam entre eles e são levadas às aldeias indígenas pelos brancos, como, por exemplo, a tuberculose. A par disso, não podem mais conseguir alimentos por meio da pesca, pois os rios estão sendo envenenados pelo mercúrio atirado pelos mineradores. E a caça e os frutos já escasseiam, em consequência da ação predatória dos que caçam para vender e das empresas madeireiras que destroem as florestas. E assim muitos são expulsos para as cidades, onde logo acabam morrendo de fome ou de doença. Sendo um grupo minoritário e pobre na sociedade brasileira, os índios estão sendo expulsos de suas terras com a desculpa de que estas são necessárias para o desenvolvimento econômico.

O que realmente acontece é que se percebeu que, se os ladrões aventureiros tivessem a ajuda de pessoas ligadas ao governo, seria muito fácil tomar as terras que há séculos são ocupadas pelos índios. Ao mesmo tempo, por meio de estudos realizados com o uso de satélites equipados com aparelhos de grande alcance, foi revelado que existem muitas riquezas minerais no solo e no subsolo dos territórios indígenas.

Começou aí – agora com apoio na tecnologia mais avançada – uma nova fase na história trágica e imoral da matança dos índios brasileiros, atentando-se contra a vida dos índios para que as terras há séculos ocupadas por eles sejam entregues a aventureiros ou a grandes empresas, brasileiras e estrangeiras. Isso caracteriza um genocídio, pois é a matança intencional de grupos humanos que se diferenciam por sua origem, suas características físicas e sua cultura.

Muitos outros atentados contra a vida humana estão ocorrendo todos os dias, quase sempre pela ambição sem limites de alguns homens, que provocam a morte de outros com o objetivo de ganhar dinheiro. A poluição provocada por muitas indústrias e pelo uso de venenos e substâncias tóxicas na agricultura é bem um exemplo de agressão à vida.

Assim também a situação de pobreza em que são obrigados a viver milhões de pessoas é um atentado contra a vida. A morte não ocorre de um momento para outro, mas essas pessoas estão morrendo rapidamente, um pouco por dia, por falta de alimentos, de assistência médica e de condições mínimas para a conservação da vida.

O mesmo acontece com os trabalhadores que são obrigados a trabalhar em condições perigosas ou muito prejudiciais à saúde. Sua vida não está sendo respeitada, pois mediante o pagamento de um salário o empregador fica com o direito de exigir que eles arrisquem a vida constantemente ou vivam num ambiente de trabalho que apressará sua morte.

O respeito à vida de uma pessoa não significa apenas não matar essa pessoa com violência, mas também dar a ela a garantia de que todas as suas necessidades fundamentais serão atendidas. Toda pessoa tem necessidades materiais, as necessidades do corpo, que, se não forem plenamente atendidas, levarão à morte ou a uma vida incompleta, que não se realiza totalmente e que já é um começo de morte. Assim, também, as pessoas têm necessidades espirituais, como a necessidade de amor, de beleza, de liberdade, de gozar do respeito dos semelhantes, de ter suas crenças, de sonhar, de ter esperança.

Todos os seres humanos têm o direito de exigir que respeitem sua vida. E só existe respeito quando a vida, além de ser mantida, pode ser vivida com dignidade.

6. Direito de ser pessoa

Todo ser humano tem o direito de ser reconhecido e tratado como pessoa. Não se respeita esse direito quando seres humanos sofrem violência de qualquer espécie, nascendo na miséria, sendo forçados a viver em situação degradante ou humilhante, ou sendo tratados com discriminação.

Para que um ser humano tenha direitos e para que possa exercer esses direitos, é indispensável que seja reconhecido e tratado como pessoa. Isso deve acontecer com todos os seres humanos.

Reconhecer e tratar alguém como pessoa é respeitar sua vida, mas exige que também seja respeitada a dignidade, própria de todos os seres humanos. Nenhuma pessoa deve ser escrava de outra; nenhum ser humano deve ser humilhado ou agredido por outro; ninguém deve ser obrigado a viver em situação de que se envergonhe perante os demais, ou que os outros considerem indigna ou imoral.

Antes de tudo, como exigência para viver com dignidade, a toda pessoa humana deve ser garantido o direito de ter um nome e de ser conhecida e respeitada por esse nome. O nome identifica a pessoa e faz parte de sua personalidade. Por esses motivos o direito ao nome está contido no direito de ser pessoa.

Todo ser humano tem o direito de não ser agredido ou ferido por outro. Esse é o direito à integridade física. Em qualquer situação, mesmo que esteja preso por ter cometido um crime, o ser humano deve ter respeitada a integridade de seu corpo. Assim como não deve ser tolerado que uma pessoa agrida outra, por qualquer motivo, quando as duas estão livres e podem defender-se, com mais razão não se pode admitir que um policial pratique violência física contra um preso, que não tem como se defender.

As violências praticadas pela Polícia, que são muito comuns no Brasil e que ocorrem também em países ditos mais desenvolvidos, como, por exemplo, Estados Unidos, além de serem imorais e ilegais são contraditórias, pois as Polícias existem para proteger as pessoas e fazer respeitar o direito. Assim, o policial arbitrário e violento, que agride as pessoas e que, muitas vezes, usa de sua arma para ferir ou matar uma pessoa sob pretexto de manter a ordem, sem que exista real necessidade de uso extremado da força, está agindo ilegalmente e de modo contraditório. O policial deve ser treinado para compreender que mesmo aquele indivíduo que age contra a lei continua a ser pessoa e por isso deve ser contido e, se for o caso, deve sofrer uma punição, mas do modo previsto em lei e sem agredir a dignidade humana.

O caso do preso exige cuidados especiais, pois a pessoa presa está indefesa e se acha sob os cuidados de uma autoridade pública, que tem o dever de zelar por sua integridade. É comum o desrespeito ao preso, sob alegação de se tratar de um criminoso ou, pelo menos, de alguém acusado de cometer um crime. A tortura de presos, os presídios sujos e superlotados, a péssima alimentação, a falta de cuidados de saúde, o desrespeito absoluto à intimidade do preso, tudo isso, que é muito comum na prática, além de ser ilegal, porque nenhuma lei autoriza, representa agressão à pessoa humana e à sua dignidade.

Quando se fala em respeito à integridade física de uma pessoa, a primeira ideia que se tem é de que não deve ser tolerada a violência direta e intencional. Mas é preciso ter em conta que há muitas situações em que uma pessoa pode causar prejuízo físico a outra sem que a agressão cause a revolta de outras pessoas e mesmo sem que muitos percebam que está havendo uma violência.

Aqui também é preciso lembrar as condições de vida e de trabalho. Muitas vezes uma pessoa é obrigada a viver ou trabalhar em condições que acarretam grande prejuízo físico, ou porque a falta de alimentos ou de cuidados de higiene e saúde causam doenças e o enfraquecimento físico, ou porque a falta de segurança sujeita a pessoa a sofrer acidentes e a perder sua capacidade física. Em todas essas situações, não está sendo respeitado o direito à integridade física das pessoas.

Igualmente grave é o sofrimento psíquico ou moral imposto a uma pessoa. Nesses casos, geralmente, poucos percebem que está havendo uma violência e que não se está respeitando a dignidade humana, mas os efeitos da agressão podem ser até mais graves do que aqueles provocados por uma violência física.

Essa possibilidade de agressão à pessoa deve ser objeto de especial atenção quando se trata de uma criança. Na realidade, a criança já é uma pessoa humana e por isso merecedora de todos os cuidados e todo o respeito que se deve a qualquer pessoa. Acrescente-se, porém, que a criança é uma pessoa especial, mais frágil e menos capaz de autoproteger-se, tanto por sua fraqueza física quanto por seu ainda insuficiente desenvolvimento psíquico e por não ter pleno conhecimento dos costumes dos adultos. Por tais motivos, tanto nas normas internacionais quanto na Constituição brasileira são fixadas regras especiais de proteção à criança, que, por suas características, inclusive por sua especial sensibilidade, é uma pessoa que sente com maior intensidade os efeitos de uma agressão.

Considere-se, por exemplo, a situação de uma criança que é repreendida ou castigada com muito rigor ou injustamente, ou que é ridicularizada perante outras crianças ou na frente de adultos. Mais do que o sofrimento físico, ou independentemente dele, essa criança sentirá um grande sofrimento espiritual, que poderá durar muito tempo e até pela vida inteira.

Esse mesmo sofrimento psicológico e moral será imposto ao empregado que for tratado de modo grosseiro e desrespeitoso por seu empregador ou por seus superiores. O relacionamento respeitoso deverá ser observado entre professores e alunos, bem como entre qualquer pessoa que presta um serviço e os que recebem o serviço, pois a vítima do desrespeito estará sofrendo uma agressão moral e psicológica.

As agressões dessa espécie são mais comuns nas situações em que alguém ou tem uma posição de autoridade pública ou pode exigir a obediência de outros. O abuso da autoridade, a atitude arrogante de quem manda, a imposição de humilhação aos subordinados, tudo isso caracteriza agressão psicológica ou moral e, portanto, desrespeito ao direito de ser pessoa.

Esse mesmo desrespeito está presente em todas as situações sociais em que alguém é obrigado a ficar em posição humilhante ou de inferioridade moral perante outras pessoas. Isso acontece, por exemplo, quando uma pessoa é forçada a viver em tal estado de pobreza que precisa mendigar para obter alimentos e outros bens essenciais para a sobrevivência ou a vida em sociedade.

A mesma coisa se verifica quando pessoas ou famílias inteiras são obrigadas, por sua pobreza, a morar em favelas ou cortiços, a se vestir com roupas esfarrapadas e a revelar, em cada situação, que são muito mais pobres do que as outras. As pessoas que sofrem essa forma de agressão podem não demonstrar revolta, mas seu sofrimento psicológico e moral existe. Elas sabem que são tratadas como inferiores e sofrem com isso.

Outras formas de ofensa ao direito de ser pessoa são os preconceitos e as discriminações sociais. Essas ofensas ocorrem quando alguém é tratado como inferior ou não é admitido em algum lugar por causa de sua raça, sua cor, suas crenças, suas ideias ou sua condição social.

No Brasil e em muitos outros países, sobretudo nos Estados Unidos nos últimos tempos, está generalizada e se agrava cada vez mais uma forma de ofensa ao direito de ser pessoa, que é praticada em muitos lugares, todos os dias, como se fosse um procedimento normal. Essa ofensa está no fato de que todas as pessoas são frequentemente tratadas como suspeitas, como desonestas, como prováveis criminosas, sem que haja qualquer motivo concreto para esse tratamento. Quanto a esse ponto, a Constituição brasileira estabelece, expressamente, que todos devem ser considerados inocentes enquanto não sofrerem uma condenação judicial definitiva pela prática de um crime. Esse princípio é chamado de *presunção de inocência* e deveria ser aplicado mesmo às pessoas que tenham sido formalmente acusadas e estejam sendo processadas sob suspeita de terem praticado um crime.

O que se tem na prática, entretanto, é exatamente o contrário. Pelo grande acúmulo de pessoas nas maiores cidades, bem como pelo aumento da criminalidade de modo geral, em decorrência dos profundos desníveis econômicos e sociais e de outros fatores de discriminação e marginalização, passou-se a desconfiar de todos. Em lugar de se adotarem providências preventivas, para evitar e prevenir a possível ação de pessoas desonestas, passou-se à prática de se considerarem potencialmente desonestas todas as pessoas. Assim, todos passaram a ser tratados como "desonestos até prova em contrário". Essa prática estabelece uma situação de generalizada desconfiança e, consequentemente, de insegurança, além de configurar grave desrespeito à pessoa. Para combatê-la e fazê-la regredir é necessário que a população tome consciência de que isso é degradante para todos e comece a recusar a se submeter ao tratamento humilhante que frequentemente lhe é imposto.

Não existe respeito à pessoa humana e ao direito de ser pessoa, se não for respeitada, em todos os momentos, em todos os lugares e em todas as situações, a integridade física, psíquica e moral da pessoa. E não há qualquer justificativa para que umas pessoas sejam mais respeitadas do que outras.

7. Direito à liberdade real

A Declaração Universal dos Direitos Humanos diz, no artigo 1º, que todos os seres humanos nascem livres e iguais em dignidade e direitos. Não basta, porém, essa declaração solene e sua reprodução nas Constituições e nas leis, se milhões de seres humanos nascem e sobrevivem sem a possibilidade de agirem como pessoas livres.

A Declaração Universal dos Direitos Humanos diz que todas as pessoas nascem livres. A mesma coisa foi dita por muitos filósofos e estudiosos da natureza e do comportamento dos seres humanos. Essa é uma afirmação muito importante, pois quer dizer que a liberdade faz parte da natureza humana. Por esse motivo o direito à liberdade não pode ser tirado dos seres humanos, porque sem liberdade a pessoa humana não está completa.

Para que se diga que uma pessoa tem o direito de ser livre, é indispensável que essa pessoa possa tomar suas próprias decisões sobre o que pensar e fazer e que seus sentimentos sejam respeitados pelas outras.

O direito de ser livre deve existir, portanto, no plano da consciência. Ninguém é livre se não pode fazer sua própria escolha em matéria de religião, de política ou sobre aquilo em que vai ou não acreditar, ou se é forçado a esconder seus sentimentos ou a gostar do que os outros gostam, contra sua vontade. Assim sendo, a liberdade de pensamento, de opinião e de sentimento faz parte do direito à liberdade, que deve ser assegurado a todos os seres humanos.

Mas o direito de ser livre não deve ser limitado apenas ao pensamento e ao sentimento das pessoas. É preciso que também em assuntos de ordem prática, naquilo que as pessoas fazem em sua vida diária, esse direito seja respeitado. Para que uma pessoa tenha o direito de ser livre é necessário que possa escolher o seu modo de vida e planejar o seu futuro. É indispensável, também, que possa escolher uma profissão de acordo com seu gosto e sua capacidade, que possa constituir uma família e viver com ela, que possa, enfim, tomar suas próprias decisões sobre todos os assuntos de seu interesse.

Muitas vezes tem acontecido que um indivíduo ou um governo procure tirar a liberdade de grande número de pessoas, ou controlar a vida e o comportamento dessas pessoas, alegando que elas não estão preparadas para agir livremente ou que o excesso de liberdade de uns prejudica os interesses de outros. É isso que fazem os regimes políticos em que o poder é exercido arbitrariamente por uma pessoa ou um grupo de pessoas. Esses regimes têm recebido diferentes nomes através da História, como tirania, absolutismo, sistema totalitário, ditadura, mas são essencialmente iguais. A esse respeito, em quase nada diferem os regimes ditos autoritários, um pouco menos violentos e arbitrários mas igualmente restrititivos da liberdade em nome de interesses dos governantes, falsamente apresentados como interesses do povo. Eles deixam as pessoas agirem livremente quando se trata de assunto de pouca importância, mas não deixam as pessoas escolherem livremente o governo ou outras coisas muito importantes.

Na realidade, o que é prejudicial é tirar das pessoas o direito de serem livres, pois a liberdade, sendo uma exigência da própria natureza

43

humana, não acarreta prejuízos ou maldades. O que muitas vezes tem trazido prejuízo é a falsa liberdade, é o abuso que certas pessoas cometem com a desculpa de que podem fazer tudo porque são livres.

Quando alguém vai exercer o direito de liberdade não pode esquecer que todas as pessoas humanas têm o mesmo direito. Os seres humanos não vivem isolados, não vivem sozinhos, porque a própria natureza humana exige que vivam junto com seus semelhantes.

Por esse motivo é errado dizer que cada um deve procurar para si o máximo de liberdade, sem se preocupar com a liberdade dos outros. Mas é igualmente errado dizer que a liberdade de cada um termina onde começa a do outro, pois todos exercem juntos os seus direitos de liberdade, e a liberdade de cada um está entrelaçada com a dos demais seres humanos.

Assim, também, não se pode aceitar o argumento de que existem pessoas que não sabem usar sua liberdade. Sendo uma necessidade natural da pessoa humana, a liberdade é como a respiração: não pode ser suprimida nem controlada por outros. O que pode acontecer é que uma pessoa prejudique alguém ou a sociedade por não estar suficientemente informada ou esclarecida no momento de fazer alguma escolha importante. Pode ocorrer, também, que uma pessoa ofenda os direitos e a dignidade de outras sob pretexto de estar usando de sua liberdade. Isso, porém, nada tem que ver com direito à liberdade.

Em lugar de se usar do pretexto de que certas pessoas não sabem usar a liberdade, o que se deve fazer sempre, em respeito à liberdade, é procurar difundir o máximo de informações sobre assuntos de interesse coletivo, de maneira simples e objetiva. Usando os meios modernos de transmissão de informações, mas, ao mesmo tempo, falando com honestidade e clareza sobre os assuntos de interesse público e promovendo exposições e discussões públicas quando necessário ou conveniente, devem-se dar ao maior número possível de pessoas os elementos necessários para decisões verdadeiramente livres. Jamais deve ser suprimida a liberdade sob pretexto de que muitos não sabem usá-la.

É preciso, finalmente, que o direito à liberdade não seja um faz-de-

-conta, que, ao afirmar que as pessoas têm o direito de agir com liberdade, sejam assegurados os meios para que essas pessoas possam ser livres.

Quando uma pessoa escolhe alguma coisa contra a sua vontade, porque tem medo dos poderosos ou porque sua pobreza a obriga a fazer o que os outros querem, ou ainda quando a escolha é feita como retribuição, porque o "chefe político" fornece os serviços públicos ou oportunidade de trabalho como se fossem donativos pessoais, quando ocorre alguma dessas hipóteses não há verdadeira escolha e não existe liberdade. Nesse caso, a existência das leis afirmando que todos têm o direito à liberdade é uma hipocrisia, desmentida pela realidade. E ninguém deve conformar-se com uma situação em que se negue à pessoa humana o direito de ser livre.

Uma questão que se pode colocar é a possibilidade de ser livre numa sociedade injusta. Para responder a essa dúvida, é preciso lembrar, antes de tudo, que a liberdade é um atributo da pessoa humana, é algo que existe no interior da pessoa e que sempre continuará existindo para aqueles que tiverem consciência de que são essencialmente livres e não admitirem renúncia à liberdade. O que pode ocorrer é que a exteriorização dessa liberdade seja impedida ou dificultada pelas circunstâncias políticas e sociais. É lição da História que, mesmo nas sociedades mais injustas e tirânicas, sempre houve os que continuaram livres, porque não se renderam nem se acomodaram. Esses foram o núcleo de resistência, o ponto de partida para mudanças profundas, que mais cedo ou mais tarde acabaram ocorrendo. A liberdade tem sido e poderá ser ofuscada muitas vezes, mas nunca morreu e não poderá morrer, porque é inerente à condição humana.

8. Direito à igualdade de direitos e oportunidades

ASSIM COMO A LIBERDADE, A IGUALDADE É RECONHECIDA E PROCLAMADA COMO DIREITO DE TODOS OS SERES HUMANOS. PARA QUE ESSE DIREITO SEJA EFETIVADO NÃO BASTA AFIRMAR QUE TODOS SÃO IGUAIS PERANTE A LEI; É INDISPENSÁVEL QUE SEJAM ASSEGURADOS A TODOS, NA PRÁTICA, UM MÍNIMO DE DIGNIDADE E A IGUALDADE DE OPORTUNIDADES.

Há quase 2 mil anos o Cristianismo vem pregando que todos os seres humanos são iguais. A Declaração Universal dos Direitos Humanos também afirma isso, dizendo no seu preâmbulo que todos os seres humanos nascem iguais em dignidade e direitos. Em quase todas as Constituições do mundo está escrito que todos são iguais perante a lei.

Apesar de todas essas afirmações, repetidas e reforçadas por muitos filósofos e pensadores políticos, o que se vê na realidade é que as pessoas são tratadas como desiguais. As próprias leis garantem a desigualdade, e nos costumes de quase todos os povos encontram-se muitas práticas baseadas na desigualdade, podendo-se ver claramente que em grande número de situações as pessoas não são tratadas como iguais.

Essas leis e esses costumes já se acham tão arraigados que quase todas as pessoas consideram normal o tratamento desigual. Existem mesmo pessoas que falam e escrevem que todos são iguais e não percebem que, na prática, agem como se os seres humanos nascessem e continuassem desiguais.

Para perceber e corrigir essas contradições é preciso, em primeiro lugar, compreender o que significa afirmar que todos nascem iguais. É evidente que as pessoas nascem fisicamente desiguais, sendo diferentes nas feições, no tamanho, na cor da pele e em inúmeras outras características físicas. Não é, portanto, essa igualdade que se está afirmando.

Quando se diz que todos os seres humanos nascem iguais, o que se está afirmando é que nenhum nasce valendo mais do que outro. Como seres humanos, todos são iguais, não importando onde nasçam, quem sejam seus pais, a raça a que pertençam ou a cor de sua pele.

Se todos nascem iguais, valendo a mesma coisa, como se explica que uns já nasçam muito ricos, tendo toda assistência, proteção e conforto, enquanto outros nascem miseráveis, mal podendo sobreviver, sem cuidados médicos e sem a certeza de que terão os próprios alimentos indispensáveis à vida? Como justificar essa diferença de situações e de possibilidades, se no momento em que nascem as crianças são iguais e não existe como saber o que cada uma fará de bem ou de mal, de útil ou de inútil, durante sua vida?

Aí está, justamente, a principal diferenciação estabelecida pela sociedade contra a natureza, que acaba acarretando consequências para a vida inteira das pessoas. Os seres humanos nascem iguais, mas a sociedade os trata, desde o começo, como se fossem diferentes, dando muito mais oportunidades a uns do que a outros. E isso é apoiado pelas leis e pelos costumes, que agravam ainda mais o tratamento desigual e criam grande número de barreiras para que aquele que foi tratado como inferior desde o nascimento consiga uma situação melhor dentro da sociedade.

Assim, por exemplo, um menino que nasce numa favela é igual ao que nasce numa família rica e vale o mesmo que este, mas dificilmente o favelado conseguirá boa alimentação e boas escolas e desde cedo será tratado como um marginal. Essa discriminação irá acompanhá-lo pela vida inteira. Fica bem evidente, portanto, que um menino nascido numa favela não tem o direito à igualdade de oportunidades, embora a própria lei diga que todos são iguais.

Mas não é só por nascer na pobreza que muitas pessoas são tratadas como inferiores às outras. É negado o direito à igualdade em todos os casos de discriminação social e de preconceito de raça, de cor e de sexo. Quando alguém é impedido, direta ou disfarçadamente, de se hospedar num hotel, de permanecer num restaurante ou de frequentar um clube por causa de sua cor ou de sua raça, está sendo negado o direito à igualdade. O mesmo se dá quando, antes mesmo de conhecer uma pessoa, de verificar seus costumes e comprovar sua capacidade, outras pessoas julgam que ela será mal-educada, ignorante ou incompetente, baseando-se apenas na raça, na cor ou no sexo da pessoa discriminada.

Assim, pois, todas as vezes em que uma pessoa é vítima de preconceitos, ocorre a negação do direito à igualdade. É por isso que a Organização das Nações Unidas (ONU) condena os preconceitos, e em muitos países existem leis proibindo que as pessoas sejam tratadas como inferiores por motivo de raça, de cor ou de sexo. Essas leis procuram garantir para todas as pessoas o direito à igualdade, partindo da idéia de que todos nascem iguais e são naturalmente iguais.

Por diversos motivos, algumas práticas discriminatórias foram muito agravadas nos últimos tempos, acentuando antigos e novos preconceitos. Não é possível fazer a enumeração de todos os motivos de discriminação entre pessoas e grupos sociais, mas alguns deles são mais evidentes e têm até causa provável. Assim, por exemplo, desde o final do século XX vêm ocorrendo profundas transformações nas relações políticas e econômicas internacionais, sobretudo depois do desmoronamento da União Soviética, em 1991. Não sentindo mais a ameaça do socialismo, os grupos capitalistas controladores da economia e das finanças no mundo desencadearam uma ofensiva, que eles próprios apelidaram de "globalização", visando a aumentar a submissão dos países menos desenvolvidos e eliminar direitos dos trabalhadores, para assim ganharem mais dinheiro, indiferentes ao aumento das injustiças.

Uma das mais graves consequências dos novos fatores de influência é o aumento generalizado do desemprego, inclusive nos países mais ricos, por vários motivos. Um deles é a implantação irresponsável, sem nenhuma cautela quanto aos efeitos humanos e sociais, de tecnologia que dispensa uma parte do trabalho humano. A isso se acrescenta a utilização de mão-de-obra mais barata dos países pobres, sobretudo porque nestes os direitos dos trabalhadores foram eliminados ou não são respeitados. Esses fatores, somados ainda ao controle da circulação mundial do dinheiro e das mercadorias por grupos econômicos poderosos, vêm aumentando as distâncias entre países pobres e ricos. Uma consequência disso tem sido o aumento das migrações, pois a crescente dificuldade para sobreviver em condições dignas leva os trabalhadores e suas famílias a procurarem os países mais desenvolvidos.

Um reflexo bem visível dessa nova situação é o aumento das discriminações contra os emigrados. Na Alemanha, na Inglaterra, na França e em outros países, sobretudo naqueles que tiraram grande proveito do colonialismo, a chegada de trabalhadores dos antigos povos colonizados vem despertando reações violentas, com o crescimento dos preconceitos e das discriminações. Assim, por exemplo, os turcos na Alemanha, os árabes e negros na França, os indianos e africanos na Inglaterra, os latino-americanos, asiáticos e africanos nos Estados Unidos são considerados indesejáveis e são tratados como criminosos em potencial, usurpadores dos postos de trabalho e usuários indevidos dos serviços sociais.

A par dessas manifestações discriminatórias, ganharam evidência também, nas últimas décadas, os conflitos baseados na diferença de crença religiosa ou que, na realidade, são causados pelos que usam essa diferença como pretexto para discriminar. Do mesmo modo, cresceram os conflitos suscitados por características sexuais, com reações, que muitas vezes têm sido extremamente violentas, contra homossexuais, simplesmente por essa característica, sem nenhuma razão objetiva, o que torna evidente a existência de preconceito como fator de discriminação.

O tratamento dado pela Constituição brasileira a essa questão foi acertado, por não se prender a uma enumeração, que sempre conteria omissões e seria insuficiente. De acordo com a Constituição, todos são iguais perante a lei, não se admitindo distinção de qualquer natureza. Além disso, é feita referência expressa a alguns dos preconceitos mais arraigados, proibindo-se a diferença de direitos entre homens e mulheres, não se admitindo a privação de direitos por motivo de crença religiosa, filosófica ou política, definindo-se como crime a prática de racismo e, numa afirmação mais abrangente do direito à igualdade, dispondo-se que "a lei punirá qualquer discriminação atentatória dos direitos e liberdades fundamentais".

Mas a experiência tem demonstrado que adianta muito pouco a lei dizer que todos são iguais e proibir que umas pessoas sejam tratadas como inferiores às outras, se não for garantida a igualdade de oportunidades para todos desde o nascimento. Com efeito, quando uns nascem ricos e outros pobres, as oportunidades para uns e outros são muito diferentes, e por isso as pessoas se tornam socialmente diferentes, desprezando-se a igualdade natural.

Não basta afirmar que todas as pessoas são iguais por natureza. Para que essa afirmação tenha resultados práticos é preciso que a sociedade seja organizada de tal modo que ninguém seja tratado como superior ou inferior desde o instante do nascimento. É preciso assegurar a todos, de maneira igual, a oportunidade de viver com a família, de ir à escola, de ter boa alimentação, de receber cuidados de saúde, de escolher um trabalho digno, de ter acesso aos bens e serviços, de participar da vida pública e de gozar do respeito dos semelhantes.

Todas as pessoas nascem iguais em dignidade, e nada justifica que não sejam dados os mesmos direitos a todos. Todos têm igual direito ao respeito das outras pessoas, e nada justifica que não tenham, desde o começo, as mesmas oportunidades.

9. Direito à moradia e à terra

Para que possa sobreviver e realizar-se plenamente como pessoa o ser humano tem necessidade de um abrigo, que seja ao mesmo tempo um núcleo de convivência e de apoio material e afetivo, sendo também um ponto de apoio para a busca de subsistência. Daí ser indispensável para todos o direito à moradia e para o trabalhador rural o acesso à terra, para viver e trabalhar com sua família.

A moradia é uma necessidade essencial dos seres humanos. Desde os tempos mais antigos de que se tem notícia, até os dias de hoje, os seres humanos sempre procuraram um lugar para morar, tanto podendo ser uma simples caverna, uma choça ou uma cabana, como uma casa luxuosa, de acordo com a época, o lugar e as possibilidades econômicas de cada um. Essa procura é consequência de uma necessidade, não de um capricho, e por isso se deve assegurar a todos os seres humanos o direito à moradia.

É na moradia que a pessoa humana encontra o seu abrigo, tanto para se defender do frio, do calor, da chuva, dos animais ferozes ou nocivos e de todos os rigores da natureza, quanto para se defender dos perigos e pressões da vida social. É na moradia que os seres humanos guardam e preparam os alimentos indispensáveis à sobrevivência e é nela que depositam ou recebem a água, outro bem essencial da vida. Só isso já bastaria para que se reconhecesse o direito de moradia como fundamental para a pessoa humana.

A moradia é também um lugar de repouso físico e espiritual para os seres humanos. Como todos os animais, o ser humano tem necessidade de repousar para continuar vivendo. Mesmo as pessoas mais dinâmicas e que mais apreciam a convivência com grupos humanos necessitam de repouso e por isso têm necessidade da moradia. Assim acontece também com as pessoas que se dedicam à vida pública. Além da exigência física de sono e de descanso, elas necessitam de horas de tranquilidade e de recolhimento espiritual. Nenhum ser humano conseguirá manter-se em atividade permanentemente nem poderá refazer sua energia física e preservar sua capacidade mental sem algumas horas diárias de repouso do corpo e do espírito. Por esses motivos, a todos os seres humanos deve ser garantido o direito à moradia.

Para cumprir suas finalidades, a moradia deve ser digna, condizente com as exigências da natureza humana, devendo ser bem melhor do que o abrigo precário e rudimentar de um animal irracional. A moradia deve ter a marca do ser humano que a utiliza, refletindo suas necessidades, seus gostos, suas crenças e seus valores.

Assim, pois, a moradia deve proporcionar o conforto e a proteção reclamados pelo corpo humano. Mas deve também oferecer condições para satisfação das necessidades espirituais dos seres humanos. Ela deve ser um lugar onde o morador possa encontrar repouso espiritual, cultivar suas crenças, ter condições para a reflexão e para a expansão de suas necessidades estéticas e afetivas.

A moradia deve ser, ainda, um lugar de recolhimento, no qual a intimidade do ser humano e da família seja resguardada, sem interferência das autoridades ou de particulares, e sem exposição à curiosidade pública.

A par disso tudo, é preciso que a moradia seja assegurada à pessoa em caráter permanente. Não está sendo garantido o direito à moradia quando, por decisão arbitrária de alguém, o morador pode ser posto fora dela a qualquer tempo. Também há desrespeito ao direito à moradia quando uma pessoa ou uma família podem ser atirados à rua e ao desabrigo porque não conseguiram, apesar de seus esforços e por motivos alheios à sua vontade, continuar pagando pela moradia.

Assim, pois, é necessário que as pessoas possam morar dignamente e com razoável conforto, de tal modo que as condições da moradia sejam boas e que haja nas proximidades tudo o que é indispensável para atendimento das necessidades básicas de uma pessoa e de sua família. É preciso, também, que o morador tenha fácil acesso ao local de trabalho, a fim de que possa permanecer bastante tempo convivendo com a família e repousando e para que não seja forçado a gastar com transporte uma grande parte de sua remuneração.

Na sociedade brasileira atual o direito à moradia não está assegurado, especialmente nas cidades médias e grandes. O alto custo dos imóveis impede que muitas pessoas se tornem proprietárias. Existem muitos terrenos vagos, e o número de casas é insuficiente para a quantidade de pessoas e de famílias, e por isso os aluguéis são muito altos e aumentam mais que os salários. Por esses motivos, existem tantas favelas e tantos cortiços, onde vivem pessoas amontoadas, sem nenhum conforto e sem a possibilidade de cuidados de higiene. É preciso dar condições a essas pessoas para viverem com dignidade. É preciso dar a elas o direito de morar.

Para os que trabalham no campo e não são proprietários da terra, o problema da moradia é também muito importante. Hoje existem muitos trabalhadores rurais morando em favelas nas cidades e sendo transportados diariamente em caminhões, sem conforto e segurança, para o local de trabalho. E ali permanecem o dia todo, alimentando-se mal, sem a possibilidade de uma vida familiar, só retornando para a favela à noite, para sair de novo na madrugada seguinte.

O modo melhor e mais justo de assegurar o direito de moradia aos trabalhadores do campo será dar condições para que cada um seja dono da terra em que trabalha. Com certeza, cada trabalhador ou cada grupo de famílias de trabalhadores viverá melhor e cuidará de sua moradia, quando tiver sua própria terra.

Uma questão fundamental para a correção de graves injustiças sociais e para o aproveitamento mais justo e racional dos recursos naturais é a necessidade de reforma agrária, em países como o Brasil, onde existem enormes extensões de terras férteis sem nenhum aproveitamento. Grande parte dessas áreas pertence a famílias de latifundiários que, ou por via legal ou mediante o uso da força, incorporaram grandes extensões de terra ao seu patrimônio, objetivando apenas a acumulação de riqueza. Esses proprietários não trabalham as terras, não as utilizam e impedem que elas sejam usadas por trabalhadores que as tornariam produtivas em proveito de todos. Além dessa consequência bastante negativa e antissocial, os trabalhadores rurais que não são proprietários de terras são obrigados a procurar a sobrevivência nos centros urbanos, onde dificilmente encontram trabalho e moradia decente e onde suas famílias ficam sujeitas a todas as privações e violências.

A observação dessas práticas, que ocorrem em muitas partes do mundo, levou a Igreja Católica a desenvolver o princípio da "função social da propriedade", segundo o qual todos os bens existentes sobre a terra pertencem, antes de tudo, a toda a humanidade, o que se aplica, de modo especial, à própria terra, que pode produzir alimentos e com base na qual são obtidos outros bens necessários à sobrevivência ou à melhoria das condições de vida dos seres humanos. Esse princípio – já contido em obras de teóricos de épocas anteriores – foi enfatizado, sobretudo, nos documentos do Concílio Vaticano II, na década de 60 do século XX, e nas chamadas "encíclicas sociais" dos papas João XXIII e Paulo VI.

Verificando a persistência e o agravamento de vícios muito antigos, como a existência de muitos latifúndios improdutivos, impedindo que grande parte das terras férteis do mundo sejam ocupadas e tornadas úteis por trabalhadores, os principais organismos internacionais, como a Organização das Nações Unidas, passaram a dar muita importância à reforma agrária. Parte-se do reconhecimento de que é necessária e urgente a redistribuição da propriedade das terras, para que aquelas que hoje são improdutivas sejam entregues a trabalhadores rurais e suas famílias, que, apoiados pelos governos, irão efetivamente cultivá-las em benefício da humanidade.

No Brasil é muito grande a extensão de terras que hoje nada produzem por estarem nas mãos de latifundiários que só se interessam por elas como reserva econômica e não como instrumento de trabalho e produção. Todo o povo brasileiro vem sendo prejudicado por essa apropriação injusta de bens, que, segundo a própria Constituição, devem cumprir uma função social. Como os governos brasileiros não têm mostrado interesse ou coragem para enfrentar os latifundiários e realizar a reforma agrária, é indispensável que o povo tome consciência de que vem sendo gravemente prejudicado por essas atitudes de egoísmo e omissão. Deve-se dar todo apoio aos movimentos organizados de trabalhadores rurais que se disponham a pressionar para que cesse a omissão do governo e a enfrentar a resistência dos latifundiários. Nesse caso os trabalhadores rurais estão agindo em defesa de seus direitos fundamentais. E convém a toda a sociedade que esses direitos sejam respeitados, cumprindo-se a Constituição e instaurando-se a justiça no campo, através da reforma agrária.

Enquanto não se chega a esse ponto, é indispensável procurar outros meios de garantir a essas pessoas o direito de morar. Uma solução será reservar sempre um pedaço da terra para moradia dos que nela trabalharem. Mas a moradia deverá ser digna e confortável, com as mesmas condições que devem ser oferecidas aos trabalhadores das cidades, inclusive com escolas, cuidados de saúde e oportunidades de lazer e recreação. E, quando o proprietário da terra não quiser reservar uma parcela para moradia de seus trabalhadores, deverá contribuir para que estes morem dignamente na cidade.

Assim como acontece em áreas rurais, também nas cidades, especialmente nas mais populosas, existe o vício da apropriação de áreas por especuladores, só interessados nelas como reserva econômica. Trata-se aí de pessoas que não constroem e não permitem que outros construam, deixando assim de cumprir a obrigação moral e legal de dar função social à propriedade.

A solução, nesse caso, é a reforma urbana, que consistiria em obrigar os proprietários a darem utilidade aos terrenos, construindo neles, ou a se sujeitarem à desapropriação pelo Poder Público, por interesse social, só pagando aos proprietários aquilo que eles efetivamente gastaram para comprar o terreno. Isso deverá ser feito para que o Poder Público transfira a propriedade, por preço módico e em condições razoáveis, não-especulativas, àqueles que vivem e trabalham nas cidades e que têm extrema dificuldade para obtenção de moradia. Na realidade, não só os que vivem no campo como também os que habitam nas cidades têm necessidade de morar em condições dignas, tanto para terem abrigo quanto para a convivência familiar.

Concluindo, em respeito aos direitos humanos fundamentais e também por conveniência de toda a sociedade, ao trabalhador rural devem ser assegurados o direito e a possibilidade de ter sua própria terra, para que nela viva com sua família e para que a transforme com o seu trabalho, como prevê a *Bíblia* no Livro do Gênesis e como decorre do princípio da função social da propriedade, expresso na Constituição brasileira. A par disso, deve ser assegurado a todas as pessoas, não apenas em palavras mas concretamente, o direito à moradia, sem o qual nenhum ser humano poderá satisfazer todas as suas necessidades materiais e espirituais.

10. Direito ao trabalho em condições justas

O TRABALHO É INERENTE À CONDIÇÃO HUMANA. POR MEIO DO TRABALHO O SER HUMANO DESENVOLVE SUAS POTENCIALIDADES, AO MESMO TEMPO EM QUE RECEBE E EXPRESSA SOLIDARIEDADE. POR ISSO O TRABALHO NÃO DEVE SER TRATADO COMO SIMPLES MERCADORIA, DEVENDO SER RECONHECIDO COMO UM DIREITO INDIVIDUAL E UM DEVER SOCIAL, QUE DEVE SER EXERCIDO EM CONDIÇÕES JUSTAS.

O trabalho permite à pessoa humana desenvolver sua capacidade física e intelectual, conviver de modo positivo com outros seres humanos e realizar-se integralmente como pessoa. Por isso o trabalho deve ser visto como um direito de todo ser humano.

Mas o trabalho é, ao mesmo tempo, o modo pelo qual cada pessoa expressa a solidariedade devida às demais pessoas, é o meio através do qual cada um dá sua retribuição por tudo o que recebe dos demais. Visto desse ângulo, o trabalho é um dever de toda pessoa humana.

Na sociedade moderna, especialmente a partir das revoluções burguesas do século XVIII, o trabalho foi considerado um valor moral e social. Contra o parasitismo da nobreza, que gozava de privilégios, vivia com grande luxo e não trabalhava, passou-se a proclamar que a propriedade e a renda só se justificavam como frutos do trabalho. Todos deviam trabalhar, pois a dedicação a um trabalho era imprescindível à preservação da dignidade humana. Indo mais longe, passou-se a considerar antissocial a ociosidade, chegando-se a considerar a vadiagem um ilícito penal, como ocorre no Brasil.

Existem, entretanto, algumas contradições na organização e no comportamento da sociedade que se diz ainda apoiada nessas concepções sobre o trabalho. Em primeiro lugar, a sociedade que exige que todos trabalhem deveria assumir efetivamente a responsabilidade de proporcionar oportunidades de trabalho a todos. O que se verifica, entretanto, é que muitos governos desenvolvem políticas voltadas, em primeiro lugar ou exclusivamente, para a busca de resultados econômicos e financeiros, chegando mesmo a adotar planos e medidas que incluem, como fato normal, o desemprego de uma parte da população ativa. Isso vem acontecendo em todos os países que, influenciados pelo Fundo Monetário Internacional, adotaram a política chamada *neoliberal*, que dá prioridade absoluta aos objetivos econômicos, colocando em plano muito inferior os objetivos sociais. O Brasil é um desses países.

Outra contradição é o estabelecimento de uma legislação que favorece os parasitas ricos. Só é vadio o pobre que não trabalha. Não se considera antissocial a existência de indivíduos que já nascem muito ricos e que, evidentemente, não trabalharam para formar seu patrimônio nem para garantir uma renda elevada e que, além disso, passam a vida ostentando luxo e ociosidade. Os parasitas da ordem burguesa não ostentam títulos de nobreza e só nisso diferem de seus antecessores nobres.

São ainda contraditórias, numa sociedade que afirma o valor moral do trabalho, a existência de trabalho escravo ou semiescravo, bem como a exploração do trabalho de crianças e adolescentes, que são impedidos de ter acesso à educação, ao lazer e à proteção de que deveriam gozar por sua condição de pessoas em desenvolvimento. O trabalho, em si mesmo, não é degradante, mas deve ser um meio de realização da pessoa humana e nunca deveria ser utilizado como instrumento de exploração e de agressão a seres humanos social e economicamente mais frágeis.

Todas as atividades que contribuam para melhorar a qualidade de vida das pessoas, aumentando o bem-estar material, proporcionando satisfação estética, favorecendo o equilíbrio psicológico e propiciando a paz espiritual, são dignas e úteis. Assim, todos os trabalhadores são igualmente merecedores de respeito, seja qual for o trabalho que executem, pois todos contribuem para que as outras pessoas tenham atendidas suas necessidades básicas e possam viver melhor.

Em muitas sociedades, são mais valorizados os que realizam trabalhos intelectuais, gozando de menor prestígio social os que se dedicam a trabalhos físicos ou mecânicos. De modo geral, entretanto, essa diferenciação já não é tão evidente como foi até há pouco, sendo outros os critérios para a conquista de prestígio e de melhor retribuição.

Assim, por exemplo, na sociedade brasileira gozam de situação mais vantajosa os banqueiros e dirigentes de instituições financeiras, os empresários industriais e comerciais e os que atuam com evidência nos esportes profissionais e nas atividades recreativas. Trabalhos tipicamente intelectuais, como o do professor e o do escritor, são muito mal remunerados e não asseguram especial consideração perante a sociedade, que nos últimos anos foi condicionada a valorizar mais as pessoas que demonstram ter conseguido maior sucesso econômico. O preparo intelectual e a contribuição para o bem da humanidade são quase irrelevantes, valendo mais a capacidade para ganhar dinheiro e acumular riqueza, o que é absurdo, pois geralmente quem mais acumula riqueza é menos útil aos outros seres humanos.

Numa organização social justa, não se pode admitir que haja grande diferença de nível entre os trabalhadores de qualquer espécie. Todo trabalho socialmente útil é digno e merecedor de respeito, não sendo admissível que uma pessoa valha mais ou valha menos do que outra por causa da natureza do trabalho que cada uma executa. Assim, pois, o que importa não é a natureza do trabalho, mas a utilidade social que dele resulta, jamais se justificando grande diferença de remuneração entre um trabalho e outro.

Sendo necessário para a preservação e a promoção da dignidade humana, tanto daquele que o realiza como dos que recebem seus benefícios, o trabalho deve ser livre. Toda pessoa humana deve ter liberdade para escolher seu trabalho. Quando alguém é obrigado, pela força, a executar determinada tarefa, não se pode dizer que esteja sendo realizado um trabalho. O que está ocorrendo é a imposição de um castigo ou de uma coação que humilha e degrada o ser humano. Por esses motivos, a Declaração Universal dos Direitos Humanos condena a escravidão, considerada crime em grande número de países.

Outro aspecto importante relacionado com o direito ao trabalho é o que se refere às condições em que este se realiza. Muitos trabalhos são reconhecidamente perigosos porque põem em risco a integridade física ou mesmo a vida do trabalhador. Nesse caso, é indispensável que se procure reduzir o quanto possível o risco existente e, assim mesmo, só se realizando o trabalho se ele for mesmo necessário para a sociedade. Muitas vezes, um trabalho é executado com grande risco porque o empregador ou contratante do trabalho quer obter maior lucro e determina a execução pelo modo mais perigoso ou sem dar ao trabalhador a proteção que poderia ser dada. Isso é injusto.

Existem outros trabalhos que são realizados em condições insalubres, sujeitando os trabalhadores a doenças ou a consequências maléficas para o seu organismo. Também nesse caso não é justo deixar de reduzir a insalubridade ou de oferecer a maior proteção ao trabalhador só para obter uma produção mais barata e ganhar mais dinheiro. Assim também, não é justo determinar que se realize um trabalho insalubre se ele não for necessário ou, pelo menos, muito útil para a sociedade.

Nesses dois casos, o do trabalho perigoso e o do insalubre, é frequente que os contratantes do trabalho procurem afastar suas responsabilidades, afirmando que ninguém é obrigado a realizar esses trabalhos, só os aceitando quem quiser. O fato é que muitos trabalhadores concordam em correr os riscos ou aceitar as consequências do trabalho perigoso ou insalubre porque são pobres, necessitam da remuneração e não conseguem trabalho melhor.

Outras vezes, empregadores ou contratantes do trabalho afirmam que não há injustiça porque pagam um salário um pouco mais elevado quando existe risco excepcional ou as tarefas devem ser executadas em condições prejudiciais à saúde do trabalhador. Na realidade, é absurdo admitir que alguém possa adquirir, mediante pagamento, o direito de prejudicar a integridade física ou pôr em risco a vida de um trabalhador.

No Brasil, essas questões são especialmente importantes, pois, de acordo com informações da Organização Internacional do Trabalho (OIT), nosso país é um dos campeões de acidentes de trabalho no mundo. Isso acontece porque as leis brasileiras dão às empresas a possibilidade de manterem condições de trabalho perigosas ou insalubres, mediante o pagamento de um pequeno acréscimo no salário do trabalhador. E os empresários, mais preocupados com o lucro do que com as injustiças, preferem pagar esse acréscimo a melhorar as condições de trabalho.

Relativamente às condições justas do trabalho, é preciso considerar o problema da remuneração dos trabalhadores. A remuneração deve ser justa, o que significa que ela deve proporcionar aos trabalhadores e suas famílias a possibilidade de viverem com dignidade, satisfazendo suas necessidades fundamentais.

A Constituição estabelece que deve ser pago aos trabalhadores brasileiros um salário mínimo, suficiente para satisfazer as necessidades básicas do trabalhador e de sua família. Entretanto, a própria lei fixou um critério de cálculo segundo o qual só se consideram as necessidades do próprio trabalhador e não as de sua família. Além disso, o critério fixado não levou em conta o aumento dos preços das mercadorias e dos serviços de que os trabalhadores necessitam. Por isso está havendo um empobrecimento dos trabalhadores, que, muitas vezes, ganham menos do que o necessário para suas necessidades básicas.

O trabalho em condições dignas e seguras, com remuneração justa, é um direito e um dever de todos os seres humanos. Existe negação a esse direito quando não são asseguradas todas essas condições.

11. Direito de participar das riquezas

O HOMEM NÃO CRIA A NATUREZA, APENAS A TRANSFORMA, ALÉM DE UTILIZAR FATORES NATURAIS INERENTES À CONDIÇÃO HUMANA PARA PRODUZIR VALORES MATERIAIS, QUE SÃO A RIQUEZA DAS PESSOAS E DAS SOCIEDADES. SENDO PRODUTO DA EXPLORAÇÃO DA NATUREZA E DA CONTRIBUIÇÃO DE MUITOS, A RIQUEZA DEVE SER DISTRIBUÍDA COM JUSTIÇA, SEM PRIVILÉGIOS E EXCLUSÕES.

Os seres humanos não criam a natureza. O que eles fazem, com o seu trabalho, é transformar a natureza, aproveitando as riquezas da terra e das águas, os minerais do subsolo, a vegetação, os animais, dando-lhes utilidade ou procurando satisfazer as necessidades e os desejos de uma parcela da humanidade. O máximo que o ser humano consegue fazer é colaborar com a natureza, criando condições mais favoráveis para que as riquezas naturais se reproduzam.

Se a natureza é apenas transformada pelo trabalho dos seres humanos, como se justifica que alguns se comportem como donos da riqueza produzida, especialmente quando foram outros que trabalharam para produzi-la? E como justificar que alguns utilizem essa riqueza de modo egoísta, acumulando com exagero e muito acima de suas necessidades aquilo de que outros têm extrema necessidade para sobreviver ou para viver com um mínimo de dignidade?

Não existem documentos ou dados de qualquer espécie que possam esclarecer como foi que uns homens começaram a agir como donos da riqueza produzida por outros. Mas é fácil verificar que a distribuição das riquezas, como é feita no mundo de hoje, contém muitas injustiças. Pessoas que não trabalham e nunca trabalharam têm patrimônio e renda muito elevados, enquanto outras que sempre trabalharam muito não têm e não conseguem sequer o essencial para morar, vestir-se e alimentar-se de acordo com as exigências da dignidade e da natureza humanas.

É comum, também, que alguns vivam ostentando riqueza, gastando muito dinheiro com coisas supérfluas, desperdiçando bens valiosos para a humanidade, como os alimentos, com absoluto desprezo pelas necessidades alheias, visando apenas à satisfação de sua vaidade ou de seus caprichos. Enquanto isso, outros lutam desesperadamente para conseguir o mínimo indispensável para não morrer de fome, de frio ou de doenças consequentes da falta de um mínimo de bem-estar material.

Há quem procure justificar sua situação privilegiada, de dono de muitas riquezas, afirmando que tudo o que possui é fruto de trabalho honesto. Na realidade, porém, existem muitos casos em que a riqueza acumulada não é produto de uma atividade honesta. Muitos enriqueceram enganando outras pessoas, apoderando-se do que não era seu, usando de modo indevido um cargo público ou uma posição política, valendo-se de amizades ou corrompendo outras pessoas para obterem proveito ilícito.

No mundo moderno, existe um número muito grande de situações em que não há qualquer relação entre a riqueza e o trabalho, situações em que os que trabalham são pobres e os que nunca trabalharam são ricos.

Uma das características do mundo contemporâneo é justamente o desequilíbrio na distribuição das riquezas e nas possibilidades de obtenção de renda. É muito comum ter-se notícia de que uma pessoa tem fortuna imensa, acumulando um patrimônio absurdamente elevado, enquanto milhões de seres humanos, mesmo trabalhando muito, não conseguem o mínimo necessário para garantir uma vida digna e saudável e uma velhice livre de angústias quanto à possibilidade de satisfação das necessidades materiais mínimas.

Esse tremendo desnível é denunciador da existência de uma organização social injusta. As riquezas existentes sobre a terra são patrimônio de toda a humanidade. E, seja qual for o critério para a atribuição de valor social e econômico aos bens materiais, nada justifica que uma pessoa já nasça tendo uma quantidade fantástica de bens acumulados. Considerando a igualdade de valor e das necessidades essenciais de todos os seres humanos, não há justificativa moral para que alguns detenham uma soma de bens que nenhuma vida de trabalho intenso, socialmente útil, permitiria obter e cujo montante está muitíssimo acima das necessidades mais requintadas de qualquer ser humano e mesmo muito além de sua possibilidade de uso.

O que ocorre é que na ordem capitalista não há qualquer ligação entre, de um lado, o trabalho que uma pessoa executa, a qualidade desse trabalho e os benefícios sociais que ele produz e, de outro lado, o patrimônio e a renda dessa pessoa, como também dificilmente se questiona a origem de um grande patrimônio ou de uma renda excessivamente elevada.

O exemplo mais acentuado desse desligamento é o direito de herança. Um recém-nascido, que, evidentemente, nunca trabalhou e não se sabe se virá a trabalhar nem como irá utilizar sua riqueza, já nasce dono de um grande patrimônio e já tem assegurada uma renda elevada pelo simples fato de ser filho de um homem rico. Outro já nasce pobre, sofrendo privações antes mesmo de nascer e tendo a perspectiva de uma vida cheia de novas privações e de sofrimentos, mesmo que trabalhe muito, pelo simples fato de ser filho de um homem pobre. Nem o rico nem o pobre podem mostrar virtudes ou falhas morais no momento em que nascem. No entanto, sem nenhum mérito ou nenhuma culpa, um é premiado pelo acaso de ser filho de um rico, outro é castigado pela circunstância de ser filho de um pobre.

Supondo que uma criança nasça na pobreza porque seu pai não é dado ao trabalho, é evidentemente injusto castigar o recém-nascido e condená-lo a uma vida de miséria por uma falta que ele não cometeu. Por outro lado, mesmo admitindo como justo que um pai procure assegurar a seus filhos um padrão de vida digno, com possibilidade de acesso a todos os bens e serviços que a sociedade proporciona, isso não deve significar a garantia de uma posição social privilegiada, com superioridade econômica ilimitada e sem qualquer responsabilidade social.

A solução justa para o problema do direito de participação nas riquezas existentes e que forem produzidas só pode ser obtida pela conjugação de várias medidas. Antes de tudo, é indispensável assegurar a todos os seres humanos, no momento em que nascem, igual oportunidade de acesso às riquezas, desde que desenvolvam atividade socialmente útil. É preciso, também, que não se admita a excessiva acumulação de riquezas nem o direito de deixar aos herdeiros uma fortuna ilimitada. A possibilidade de enriquecimento sem limites tem estimulado a ambição por riquezas materiais, contribuindo para acentuar o egoísmo de muitas pessoas, que, mesmo sendo muito ricas, ignoram as necessidades dos pobres e chegam até a explorá-los deliberadamente, buscando sempre acumular mais riqueza.

A par disso, é preciso que as pessoas aprendam desde a infância a não valorizar demais as riquezas materiais. Nas sociedades modernas, sobretudo onde prevalecem os valores do capitalismo, os seres humanos são avaliados pela riqueza que possuem. Não importa a origem da riqueza nem como ela é usada: basta uma pessoa ser rica para ter grande prestígio social. Isso é injusto, porque muitas vezes o que tem menor riqueza material é infinitamente mais útil à humanidade e porque o fato de ser rico não é prova de virtude, assim como o fato de ser pobre não é prova de culpa.

12. Direito à educação

A EDUCAÇÃO É UM PROCESSO DE APRENDIZAGEM, AO MESMO TEMPO EM QUE FAVORECE E PROPICIA O DESENVOLVIMENTO DA PESSOA HUMANA. POR ISSO É RECONHECIDA COMO DIREITO FUNDAMENTAL DE TODOS E DEVE SER ASSEGURADA A TODOS EM CONDIÇÕES DE IGUALDADE, O QUE É BENÉFICO PARA O INDIVÍDUO BEM COMO PARA TODA A SOCIEDADE.

A educação é um processo de aprendizagem e aperfeiçoamento, por meio do qual as pessoas se preparam para a vida. Através da educação obtém-se o desenvolvimento individual da pessoa, que aprende a utilizar da maneira mais conveniente sua inteligência e sua memória. Desse modo, cada ser humano pode receber conhecimentos obtidos por outros seres humanos e trabalhar para a obtenção de novos conhecimentos. Além disso, a educação torna possível a associação da razão com os sentimentos, propiciando o aperfeiçoamento espiritual das pessoas.

Por tudo isso fica evidente a importância da educação na vida de todos os seres humanos. A educação torna as pessoas mais preparadas para a vida e também para a convivência. Com efeito, a pessoa mais educada tem maior facilidade para compreender as demais, para aceitar as diferenças que existem de indivíduo para indivíduo e para dar apoio ao desenvolvimento interior e social das outras pessoas. Por isso a educação de cada um interessa a todos.

A educação de uma pessoa começa nos seus primeiros instantes de vida. Desde o momento em que nasce, o ser humano começa a receber orientação e treinamento, aprende a reagir perante situações criadas pela natureza ou pela sociedade e vai adquirindo hábitos, que farão parte de seu modo de ser. E, quando começa a observar o meio em que está vivendo e a ter possibilidade de tomar decisões, inicia seu processo de integração na vida social. Daí por diante cada fato e cada situação exercerão influência sobre a definição de sua personalidade.

A pessoa adulta será, em grande parte, o resultado da educação recebida desde os primeiros instantes de vida. Como é sabido, toda pessoa tem suas características pessoais, sua individualidade, que, em parte, é herdada de seus pais e avós. Ao lado disso existe a liberdade inerente à condição humana, dando a cada um a possibilidade de fazer suas escolhas, de decidir entre o que julga bom ou mau, justo ou injusto. É precisamente essa liberdade que, por nascer junto com a pessoa e fazer parte de sua natureza, é reconhecida e protegida como um dos direitos humanos fundamentais.

A par desses fatores originários, com os quais a pessoa já nasce, existe a grande influência dos chamados *fatores adquiridos*, de todas as impressões e de todos os estímulos que a criança recebe do meio em que vive. Esses fatores estão presentes no momento em que a criança é inserida num meio social e, num sentido amplo, são os fatores educacionais. Assim, como já se tem demonstrado através de critérios científicos e tendo por base pesquisas sociológicas e antropológicas, se a criança vive num meio familiar em que se pratica o respeito pelo outro e em que a troca afetiva entre os que ali convivem é a norma de vida, a criança é socializada nesse padrão de convivência. Pode-se dizer que a criança, nesse meio, é educada para respeitar o outro e para a solidariedade. Como esse é o padrão mais conveniente, e portanto desejável, para a vida em sociedade, costuma-se dizer que essa é uma criança bem-educada.

Se, em lugar disso, a criança nasce num meio em que as pessoas vivem em permanente conflito, praticando violências a cada instante e tratando a própria criança com violência, sem demonstrações de afeto e de solidariedade, é inevitável que essa criança, sejam quais forem suas características individuais, aprenda a ser agressiva, a usar de violência no relacionamento com as demais pessoas. Essa terá sido sua primeira educação, e não será fácil mudá-la futuramente.

Como se verifica, a educação de uma pessoa começa na família ou no meio social em que a criança nasceu e passa a viver. Essa é a chamada educação informal, que é dada fora da escola, tanto à criança quanto ao adolescente e ao adulto. Ao lado dessa, existe, ou pelo menos deve existir, a educação formal, que é dada na escola. Não se pode dizer que uma seja mais importante do que a outra, pois na realidade ambas podem ter influência decisiva na vida de qualquer pessoa.

Até bem pouco tempo atrás, considerava-se que a educação informal tinha a principal responsabilidade pelo bom desenvolvimento psicológico das pessoas e por seu preparo básico para a vida social. Isso porque, durante os primeiros anos de vida, quando a pessoa recebia os ensinamentos iniciais sobre como se comportar no relacionamento com outras pessoas, não existia ainda o contato com a escola. Depois disso, considerava-se normal que as pessoas passassem mais tempo com a família do que no ambiente escolar. Por esses motivos, considerava-se que a escola era um complemento da família.

Mas no mundo atual a situação já não é a mesma. Os sistemas de vida de quase todos os povos deixam pouco tempo e reduzidas possibilidades para a vida familiar. Aumentou muito o número de grandes cidades, nas quais a maioria das pessoas adultas passa a maior parte do dia fora de casa, além de perder muito tempo com a locomoção. E, mesmo nas cidades menores, já se tornou comum que quase não exista convivência no lar. Todos esses fatores reduziram muito a possibilidade de educação informal.

Além disso, aumenta cada vez mais a influência dos conhecimentos técnicos e científicos, e de outros adquiridos na escola, sobre o progresso individual e social dos seres humanos. E os meios de comunicação de massa, transmitindo informações e conhecimentos, bem como sugestões sobre comportamentos, podem ter influência decisiva na vida das pessoas que não estiverem bem preparadas para avaliar racionalmente essas transmissões.

Por todas essas razões, tornou-se praticamente indispensável a boa educação escolar, a fim de que a pessoa possa desenvolver sua personalidade e esteja bem preparada para a vida social. É por isso que se define o direito à educação, tanto na família quanto na escola, como um direito fundamental da pessoa humana.

A possibilidade de receber educação na família e na sociedade, fora da escola, depende das condições gerais da vida social. Os valores predominantes na sociedade, as condições econômicas, os costumes, tudo isso é importante, mas são formas indiretas de promover a educação e não estão imediatamente ligadas ao que se costuma chamar de *sistema educacional*. Este compreende o conjunto de escolas, de todos os níveis, em funcionamento no país, num estado ou numa cidade.

Para que o sistema escolar possa desempenhar bem suas funções, que são da máxima responsabilidade, é preciso que as escolas tenham como objetivo principal dar boa formação e bom preparo aos alunos. Todos os demais objetivos devem vir depois desse.

Quando se fala em boa formação e bom preparo, é preciso ter cuidado para que isso não seja interpretado como se o processo educacional fosse o que o notável educador Paulo Freire denominou *educação domesticadora*. Educar bem é estimular o uso da inteligência e da crítica, é reconhecer em cada criança uma pessoa humana, essencialmente livre e capaz de raciocinar, necessitada de receber informações sobre as conquistas anteriores da inteligência humana e sobre a melhor forma de utilização de tais informações para a busca de novos conhecimentos.

Para exemplificar, não será bom o processo educacional que transmita a idéia de que a disciplina cega, sem raciocínio e sem crítica, é o melhor modo de vida. Não será bom, igualmente, o processo que eduque as crianças para a aceitação passiva ou mesmo para a idolatria dos governantes e dos líderes políticos ou da doutrina política que estes professam. Faz parte da boa educação demonstrar à criança a importância do governo e das pessoas que dedicam sua vida, com honestidade e desprendimento, à satisfação das necessidades e dos interesses da coletividade. Mas isso não se confunde com a idolatria do governo e dos governantes, com o treinamento para a obediência automática e a subserviência.

Uma questão que merece referência e reflexão é a escolha entre o ensino público e o privado, entre manter o Estado como responsável pela educação, especialmente pela educação de base, ou entregá-la à iniciativa privada. Toda escola, do ensino fundamental e do ensino médio, é uma instituição pública, pela natureza de seus objetivos fundamentais, pois o sistema educacional visa a atender a uma necessidade essencial das crianças e dos adolescentes e da sociedade em que eles vivem.

Quando uma pessoa ou uma instituição privada se dispõe a criar e manter uma escola está assumindo uma responsabilidade pública. Por esse motivo, sujeita-se às diretrizes e às regras básicas fixadas pelos órgãos governamentais, do Legislativo e do Executivo, submetendo-se também à fiscalização permanente para verificação do cumprimento dessas normas. Desse modo, não se exclui a iniciativa privada da possibilidade de participar do sistema educacional, mas nessa área de atividades os interesses privados ficam sempre subordinados ao interesse público.

Assim, por exemplo, quando um grupo de pessoas resolve abrir uma escola e fazer disso o seu meio de vida, é evidente que precisa cobrar dos alunos, para ter um bom prédio, com equipamento adequado, para ter bons professores e para que não falte o material escolar necessário. Além disso, precisa também do dinheiro para sua própria subsistência. O que não se pode admitir é que organize e dirija a escola tendo como principal objetivo ganhar dinheiro, deixando em posição secundária a preocupação com a qualidade do ensino.

Com relação ao ensino público, pode-se dizer que a responsabilidade dos governos é ainda maior do que a da iniciativa privada, pois, além de terem a obrigação de fornecer a esta as diretrizes e bases e de procederem à sua permanente fiscalização, os governantes têm o dever de manter um sistema de ensino de alta qualidade, que forneça o padrão para todas as instituições que pretendam participar do sistema.

Assim, por exemplo, é indispensável que sejam destinados à área de educação os recursos financeiros necessários. No Brasil é a própria Constituição que estabelece o mínimo que, em cada ano, a União, os Estados, o Distrito Federal e os Municípios devem destinar à manutenção e ao desenvolvimento do ensino. É responsabilidade dos governantes construir e manter escolas bem equipadas, em número suficiente para atendimento de toda a população. Além disso, é fundamental o cuidado com os professores, dos quais se deve exigir preparo e dedicação mas a quem deve ser assegurada remuneração compatível com as responsabilidades e dificuldades de suas tarefas. Aos professores deve ser proporcionada a oportunidade de aprimoramento permanente, o que inclui a possibilidade de fazerem cursos de atualização e aperfeiçoamento e os meios necessários para aquisição de livros e do material de estudo disponível. Através de lei deve-se estabelecer que esse cuidado com os professores deve ser igual nas instituições públicas e privadas.

Outra exigência fundamental é que todos, sem qualquer exceção, tenham igual oportunidade de educação. Não basta dizer que todos têm o mesmo direito de ir à escola; é preciso que tenham também a mesma possibilidade. Na realidade, não está assegurado para todos o direito à educação onde não existe escola ou quando não há escolas suficientes. Não está assegurado esse direito quando os pais não podem pagar as taxas da escola e comprar os livros e o material escolar, ou quando a pobreza obriga as crianças a procurar trabalho muito cedo, não lhes deixando tempo e disposição para a escola.

Além da manutenção de escolas em quantidade suficiente, em todos os núcleos habitacionais e dentro das possibilidades econômicas de todos os que precisam da educação, é necessário que as escolas tenham igual nível de qualidade. Não é justo que as escolas da zona rural não tenham o mesmo equipamento que se encontra na zona urbana, assim como não é justo que as escolas dos bairros pobres sejam inferiores, em qualquer sentido, às dos bairros ricos. Todos devem ter o direito à educação da mesma qualidade.

A educação básica, para as crianças, deve receber o máximo apoio, mas os adolescentes e adultos também têm direito à educação. O sistema escolar deve estar ao seu alcance, de tal modo que seja possível conciliar outras atividades, como o trabalho e as responsabilidades da família, com a procura de aperfeiçoamento através de cursos e outros meios de aprendizagem. Quanto mais educação a população receber, maior será a possibilidade de criação intelectual e, em consequência, de independência do país.

A educação deve ser prioridade de todos os governos, pois através dela as pessoas se aperfeiçoam e obtêm elementos para serem mais úteis à coletividade. Dando-se bastante apoio à educação, muitos problemas desaparecerão, porque as pessoas estarão mais preparadas para a convivência, e haverá maior participação no estudo e na decisão dos assuntos de interesse comum. É necessário e justo que os recursos da sociedade sejam utilizados para estender a todos, de modo igual, o direito à educação.

13. Direito à saúde

O DIREITO À SAÚDE É UM DOS DIREITOS FUNDAMENTAIS DA PESSOA HUMANA E COMO TAL É ASSEGURADO NA CONSTITUIÇÃO BRASILEIRA. É IMPORTANTE ASSINALAR QUE O DIREITO À SAÚDE É MUITO MAIS AMPLO DO QUE A ASSISTÊNCIA MÉDICA, SIGNIFICANDO "O ESTADO DE COMPLETO BEM-ESTAR FÍSICO, PSÍQUICO E SOCIAL", DEVENDO SER ASSEGURADO COM ESSA EXTENSÃO.

Quando se fala em saúde, a primeira ideia das pessoas é que se tem saúde quando não se tem doença. E muitos acham que não adianta querer ter saúde ou querer que o governo garanta a saúde porque muitas doenças acontecem por motivos que não dependem da vontade das pessoas ou das ações dos governos e por isso não podem ser evitadas. Para os que pensam desse modo parece estranho falar em direito à saúde. Será possível que uma pessoa possa ter o direito de não apanhar uma verminose, de não ter bronquite, de não contrair tuberculose ou sarampo?

Antes de tudo, para que se diga que uma pessoa tem saúde não basta que ela não sofra de alguma doença. Uma das organizações mais importantes do mundo especializada em assuntos de saúde, a Organização Mundial da Saúde (OMS), adverte que não é suficiente a ausência de doenças. Para que se diga que uma pessoa tem saúde é preciso que ela goze de completo bem-estar físico, mental e social. Isso quer dizer que, além de estar fisicamente bem, sem apresentar sinal de doença, a pessoa deve estar com a cabeça tranquila, podendo pensar normalmente e relacionar-se com outras pessoas sem qualquer problema. É preciso também que a pessoa não seja tratada pela sociedade como um estorvo ou fardo repugnante e que possa conviver com as demais em condições de igualdade e de respeito.

Tudo isso faz parte da saúde. Assim, portanto, o direito à saúde, que deve ser assegurado a todas as pessoas de maneira igual, significa o direito de estar livre de condições que impeçam o completo bem-estar físico, mental e social. Não será difícil verificar as situações que mais prejudicam a saúde das pessoas e desse modo estabelecer, através de exemplos, o que se deve compreender por direito à saúde.

Podemos começar verificando as condições do meio ambiente, isto é, do lugar onde as pessoas vivem, trabalham, estudam e exercem outras atividades. Para que seja respeitado o direito à saúde é preciso que o ar seja puro, que não haja excesso de barulho, que a iluminação não seja fraca ou forte demais, que as pessoas não sejam forçadas a ficar vendo e ouvindo coisas que achem feias ou desagradáveis, nem sejam forçadas a suportar calor ou frio excessivos, mau cheiro ou sujeira.

As condições da moradia também fazem parte do direito à saúde. O ser humano precisa da casa como um abrigo, e é indispensável que possa morar em lugar confortável, arejado, limpo, com o mínimo necessário para o seu repouso e para que possa observar os cuidados de higiene. Quando as pessoas vivem amontoadas em um pequeno espaço, quando não há janelas que assegurem boa iluminação e ventilação, quando não há banheiro, esgoto, água corrente de boa qualidade e tudo o mais que é necessário para que as pessoas possam viver com limpeza e conforto, não está sendo assegurado o direito à saúde. Por isso é injusto que muitas pessoas sejam forçadas a morar em favelas, cortiços, ou mesmo em casas ou apartamentos minúsculos e mal construídos, sendo ainda mais grave que muitos, inclusive crianças, nem mesmo isso possam ter.

O direito à saúde inclui a possibilidade de boa alimentação. O corpo humano necessita de alimentos para se manter ativo e a fim de que a pessoa tenha energia suficiente para desenvolver suas atividades. Antes mesmo de nascer, quando ainda está no ventre da mãe, a criança necessita de alimentos, que só receberá se a mãe for bem alimentada. Se não for atendida essa necessidade, a criança nascerá com deficiências e terá maior dificuldade para aprender e para se desenvolver fisicamente. E durante toda a sua vida o ser humano necessita de bons alimentos, não só em quantidade suficiente para matar a fome mas também de qualidade boa e variada, pois é dos alimentos que as pessoas retiram o que é necessário para manter e desenvolver sua capacidade física e mental.

No Brasil há milhões de pessoas que, por sua pobreza, só conseguem alimentos em pequena quantidade ou de muito má qualidade, havendo muitas pessoas que morrem rapidamente ou que ficam gravemente doentes por falta de alimentos. Só quando isso for mudado, quando todos tiverem a mesma possibilidade de boa alimentação, é que se poderá dizer que o povo brasileiro tem direito à saúde.

As condições de trabalho também fazem parte do direito à saúde. Para que esse direito seja respeitado é necessário que ninguém seja obrigado a trabalhar em ambiente onde haja ar impuro ou grande perigo de contrair alguma doença. Ou então onde haja excesso de calor, de frio, de umidade ou de barulho, ou onde a iluminação não seja boa para os olhos. Assim também não se deve obrigar o trabalhador a executar suas tarefas com grande perigo, de modo que seja frequente o risco de um acidente. Devem ser evitados, igualmente, os trabalhos muito penosos, que exigem esforço excessivo ou causam perturbação psicológica.

À semelhança do que acontece com o trabalho, o ambiente de estudo também deve ser adequado para que seja respeitado o direito à saúde. Escolas mal construídas, com espaço insuficiente, salas mal iluminadas e sem boa circulação do ar, sem boas instalações sanitárias e sem ambiente próprio para repouso e recreação, causam prejuízo à saúde. Todas essas condições devem ser atendidas em respeito ao direito à saúde.

Tudo o que foi dito até aqui se refere à proteção da saúde. É importante notar que não foram citados médicos nem remédios ou hospitais. Isso porque o ideal é que as pessoas não cheguem a ficar doentes ou tenham um mínimo de doenças, o que é perfeitamente possível se todos tiverem condições de vida saudáveis, tendo assegurado seu direito à saúde, com todas as exigências já enumeradas.

Mas nem sempre é possível evitar a doença ou alguma situação de mal-estar. Muitas vezes uma pessoa tem boa situação econômica, mas adota um método de vida prejudicial à saúde, alimentando-se mal, fazendo esforços exagerados ou não repousando o suficiente. Outras vezes, como acontece hoje no Brasil com muita frequência, a pessoa sabe que não está tomando todo o cuidado necessário, mas, por ter um salário baixo, por exercer uma profissão pouco protegida, por não poder ter uma boa casa ou, ainda, por não ganhar o suficiente para alimentar-se bem, fica muito sujeita a doenças. Além disso tudo, é preciso lembrar que com o simples passar do tempo as pessoas vão envelhecendo, seu organismo vai ficando mais fraco, e aumenta muito a possibilidade de doença.

Por tudo isso é necessário que o governo trabalhe permanentemente procurando evitar doenças, garantindo boas condições de vida para todos, mas também dando educação ao povo sobre os cuidados de saúde, realizando vacinação, cuidando da qualidade da água fornecida à população, construindo redes de esgotos e eliminando todos os focos de doenças. Essas providências são necessárias para que seja assegurada a toda a população o direito à saúde.

A par de todos esses cuidados, é indispensável que todas as pessoas, sem qualquer exceção, tenham a possibilidade de receber assistência médica e, quando for preciso, possam ser internadas num bom hospital e receber os remédios necessários. Isso tudo faz parte do direito à saúde. No entanto, muitos brasileiros que necessitam desses cuidados não conseguem recebê-los, porque os serviços dos médicos e o internamento em hospital custam muito caro. E muitos chegam a ser atendidos por um médico, mas depois não se tratam, porque o preço dos remédios é muito alto. Os serviços mantidos pelo governo são muito deficientes, e em muitas regiões do país nem existe assistência médica. Os trabalhadores são obrigados a contribuir para a previdência social e em troca dessa contribuição deveriam receber assistência médica, mas os serviços funcionam muito mal.

A deficiência crônica dos serviços públicos de prestação de cuidados de saúde no Brasil merece aqui especial consideração, sobretudo porque essa falha, de graves repercussões sociais, vem sendo usada como justificativa para a privatização desses serviços. A primeira observação a ser feita é que, assim como acontece com a educação básica, a área da saúde é de natureza pública, não importa quem preste os serviços. A saúde, obviamente necessária para todos os seres humanos, já foi reconhecida como um dos direitos humanos fundamentais, tanto em documentos internacionais quanto na própria Constituição brasileira, que declara a saúde "um direito de todos e dever do Estado".

A primeira consequência disso é que a prestação de cuidados de saúde, em quantidade e qualidade compatíveis com as necessidades da população, é dever dos governantes, que devem colocar a saúde entre as prioridades do governo. Isso não tem ocorrido no Brasil, sobretudo por dois motivos. O primeiro deles é que, tradicionalmente e na maioria dos casos, a população pobre é quem procura os serviços públicos de saúde. Essa população tem muita dificuldade em se fazer ouvir, e seu poder de pressão sobre os governos é pequeno. Por esse motivo, habitualmente são destinados menos recursos do que o devido a essa área social, o que resulta em serviços públicos insuficientes e de qualidade inferior aos que são oferecidos por entidades privadas.

O segundo motivo se prende ao fato de que nos últimos anos o setor público de saúde sofreu também a influência do chamado *neoliberalismo*, nova face do capitalismo que, como as modalidades anteriores, coloca os objetivos econômicos acima das necessidades e dos interesses da pessoa humana. Sob essa influência muitos governos procuram transferir para a iniciativa privada os serviços públicos de saúde, tanto para reduzir os encargos públicos quanto para oferecer mais oportunidades de lucro ao setor privado. E tem havido governos que, deliberadamente, promovem a deterioração dos serviços públicos, para que seja vista como benéfica a privatização de tais serviços.

É necessário, em defesa dos direitos fundamentais da pessoa humana e de sua dignidade, denunciar essas manobras e resistir a elas, porque a saúde não pode e não deve ser confundida com qualquer bem ou produto objeto de comércio. É lição da História que os povos com melhor nível de saúde sempre se colocaram em posição de vanguarda, tanto no plano da produção material quanto intelectual. E no interior de cada sociedade o que se verifica é um fenômeno paralelo, obtendo maior desenvolvimento e conquistando as melhores posições as pessoas que, desde crianças, ou mesmo antes de seu nascimento, tiveram o benefício do recebimento de bons cuidados de saúde.

Como fica muito claro, o direito à saúde é um dos direitos fundamentais dos seres humanos, porque sem esse direito ninguém consegue viver com bem-estar e realizar tudo o que é necessário para que uma pessoa seja feliz. Além disso, a pessoa sem saúde não pode ajudar as outras pessoas a conquistarem o seu bem-estar. Por todos esses motivos, uma sociedade só poderá ser considerada justa se todas as pessoas, sem nenhuma exceção, tiverem efetivamente assegurado seu direito à saúde desde o primeiro instante de vida. E no direito à saúde deve estar compreendido tudo o que for necessário para que a pessoa goze de completo bem-estar físico, mental e social.

14. Direito ao meio ambiente sadio

O direito ao meio ambiente saudável já está expresso em muitas Constituições do mundo contemporâneo. Já existe o reconhecimento de que o meio ambiente é fundamental para a qualidade de vida dos seres humanos. Por isso não se admite que a busca desenfreada de riquezas, o egoísmo e a inconsciência de alguns levem a práticas que degradem o meio ambiente e destruam a vida.

Como já aconteceu com outros direitos fundamentais, em outras épocas, na segunda metade do século XX foi reconhecido e vem ganhando ênfase o direito humano ao meio ambiente saudável. Ainda existe muita polêmica em torno dele e há mesmo quem relute em aceitá-lo, especialmente porque sua aceitação implica a criação de responsabilidades e a imposição de limitações a certas atividades, com reflexos na vida social e nos interesses econômicos.

Mas o reconhecimento do direito ao meio ambiente saudável já está registrado em documentos internacionais de grande relevância e também já penetrou nas Constituições e na legislação de grande número de Estados. Por isso, em lugar de ignorá-lo ou de tentar resistir à sua consolidação, o que se deve fazer, com urgência, é conhecer melhor o seu significado para a pessoa e para as sociedades humanas, verificando, embora de modo sintético, seus aspectos mais relevantes.

As preocupações com a pureza ambiental como algo fundamental e permanente para a humanidade tornaram-se explícitas na década de 60. Foi demonstrada, então, a conjugação de vários fatores que provocam o desequilíbrio dos elementos da natureza e criam o risco de exaustão de recursos naturais. A enumeração desses fatores, feita por um especialista inglês, David Hughes, incluiu o aumento das populações, a ocorrência de altos níveis de poluição, a interferência humana nas populações animais e na paisagem, o grande aumento do número de automóveis e a consequente intensificação do uso de combustíveis poluidores, além de diversas modalidades de destruição dos recursos naturais.

Muita gente reconheceu que havia grave prejuízo para toda a humanidade e que os riscos eram crescentes. Assim foi realizada na Suécia, em 1972, a primeira Conferência Mundial sobre o Meio Ambiente. Desde então foi sendo estimulado e implantado o estudo sobre o assunto, ao mesmo tempo em que muitos governos passaram a adotar medidas para vigilância e controle das atividades que já prejudicavam o meio ambiente ou que poderiam vir a prejudicar. Em decorrência desses estudos e de sua divulgação, foi surgindo uma nova mentalidade e cresceu rapidamente o número dos que passaram a reconhecer que a proteção do meio ambiente era parte da defesa do patrimônio natural da humanidade e que, em consequência, aquela proteção deveria estar entre os direitos humanos fundamentais.

A partir daí foram sendo estabelecidas regras de proteção das pessoas e das coletividades humanas no relacionamento destas com o meio ambiente. A saúde, a segurança, o uso do solo urbano e rural, as condições sanitárias, os ruídos, as manifestações visuais, bem como tudo o mais que tem importância para a qualidade do ambiente em que vivem os seres humanos, tudo isso passou a interessar bastante os estudiosos e também os legisladores, administradores públicos e aqueles que têm a seu cargo a proteção dos direitos, especialmente o Ministério Público e os juízes.

No Brasil o assunto foi também ganhando maior expressão nesse mesmo período. Até então havia algumas regras esparsas, tratando de aspectos particulares de maior gravidade, como, por exemplo, a preservação de mananciais, para evitar a contaminação da água destinada ao consumo pela população, e a localização do despejo do lixo urbano. No ano de 1981 foi publicada a Lei nº 6.938, de 31 de agosto, que estabeleceu normas para a definição de uma Política Nacional do Meio Ambiente. Essa lei é importante, entre outras razões, porque fixou alguns conceitos e assim deu certa uniformidade à terminologia, o que é importante, nesse caso, por se tratar de assunto relativamente novo, sem a tradição de uma conceituação consagrada.

O que é meio ambiente? O que é poluição? Esses dois termos fundamentais foram definidos na lei e assim ganharam uniformidade e clareza. Eis as definições legais:

> Meio ambiente é o conjunto de condições, leis, influências e interações de ordem física, química e biológica que permite, abriga e rege a vida, em todas as suas formas.
>
> Poluição é a degradação da qualidade ambiental resultante de atividade que, direta ou indiretamente: a) prejudique a saúde, a segurança e o bem-estar da população; b) crie condições adversas às atividades sociais e econômicas; c) afete desfavoravelmente a biota; d) afete condições estéticas ou sanitárias do meio ambiente; e) lance matérias ou energia em desacordo com os padrões ambientais estabelecidos.

A palavra *biota*, que aparece na definição, é termo técnico e significa o conjunto dos seres animais e vegetais existentes em determinada região. Os demais termos são de uso corrente e não exigem conhecimentos especializados para serem entendidos.

A Constituição brasileira de 1988 deu bastante ênfase à questão ambiental, proclamando e garantindo o direito ao meio ambiente saudável, fixando responsabilidades e prevendo instrumentos legais para defesa desse direito. Diz a Constituição que todos têm direito ao meio ambiente ecologicamente equilibrado, que é bem de uso comum do povo e essencial à sadia qualidade de vida. O Poder Público, tanto federal quanto estadual e municipal, deve zelar por sua preservação e defesa, o que deverá ser feito também pela coletividade, podendo todos agir contra o poluidor potencial ou efetivo.

Assim, por exemplo, se uma atividade industrial privada causa dano ao meio ambiente, é injusto que sejam usados recursos públicos, ou seja, o dinheiro do povo, para despoluir, devendo-se exigir a reparação de quem provocou o dano. Para impedir a prática de atividades que possam agredir o meio ambiente e para promover responsabilidades no caso de dano ambiental já concretizado, são previstas ações judiciais que podem ser de iniciativa de um cidadão ou de um grupo social, estando prevista, na própria Constituição, a defesa do meio ambiente como função institucional do Ministério Público.

Como se verifica, o direito ao meio ambiente sadio já faz parte do sistema jurídico brasileiro, como direito fundamental das pessoas e da coletividade. É importante que se intensifique a conscientização da cidadania, para que sejam inseridos de modo adequado na realidade brasileira os avanços da ciência e da tecnologia. Devem ser impedidas as práticas que, mesmo vantajosas do ponto de vista econômico e aparentemente modernizadoras, causam ou poderão causar prejuízo grave ao meio ambiente, sob qualquer aspecto. É necessário, também, o estímulo à defesa do meio ambiente sadio para coibir o mau governo e a má administração pública que, por ação ou omissão, agridem ou permitem que seja agredido esse patrimônio de uso comum do povo.

O meio ambiente sadio é necessidade essencial da pessoa humana, em qualquer tempo e em qualquer lugar. Por esse motivo, é reconhecido e proclamado como direito humano fundamental, devendo estar sempre entre as prioridades dos governos e não podendo ser prejudicado para satisfação de interesses econômicos, políticos ou de qualquer outra natureza. A pessoa humana é prioridade e com ela seus direitos fundamentais.

15. Direito de participar do governo

Assim como tem necessidade da convivência, o ser humano precisa, igualmente, de um governo que procure assegurar a existência de regras justas de convivência e o respeito a essas regras. O governo democrático e justo é um instrumento de garantia da liberdade e da solução pacífica dos conflitos, mas só será assim se for a expressão da participação de todos.

Todos os seres humanos são iguais; nenhum é superior ou inferior aos outros. Mas cada pessoa tem seus valores, seu modo de ser e seus interesses. Para que todos possam viver em harmonia, respeitando-se uns aos outros, é preciso que existam regras de convivência, estabelecendo quais são os direitos e os deveres de cada um. Essas regras estão na Constituição e nas leis.

Uma questão importante é definir quem estabelece as regras a que todos são obrigados a obedecer. Se todos são iguais, não se justifica que só alguns possam estabelecer tais regras e que os demais só fiquem com a obrigação de obedecê-las. Existe, porém, uma dificuldade de ordem prática, pois não há como reunir todas as pessoas num só lugar todas as vezes em que for preciso estabelecer novas regras ou então mudar ou anular as já existentes.

Para contornar essa dificuldade foi criado o sistema representativo. De acordo com esse sistema, em cada país, estado ou cidade as pessoas escolhem um pequeno número de representantes, que, em nome de todos, vão estabelecer o conjunto de regras cuja obediência passará a ser obrigatória.

Num sistema democrático, é preciso que o maior número possível de pessoas tenha o direito e a possibilidade de escolher os representantes. Como todos serão obrigados a respeitar as regras e como estas sempre influem sobre os direitos e deveres de todos, só em casos excepcionais é que se pode admitir que alguém não participe da escolha. Assim, por exemplo, é razoável que as crianças não tenham o direito de participar, porque ainda não têm a experiência de vida necessária para orientar as escolhas. Mas é injusto que os analfabetos adultos não participem, pois mesmo sem saber ler eles podem receber informações pelo rádio, pela televisão e diretamente de outras pessoas, além de já terem uma experiência de vida.

Do mesmo modo que o maior número possível deve participar da escolha de representantes, é necessário que quase todos tenham o direito e a possibilidade de serem escolhidos. Só em casos excepcionais, por uma incapacidade física que impossibilite o bom exercício das funções, ou por ser claramente inconveniente para a sociedade que uma pessoa seja escolhida, é que ela deve ser impedida. Aqui também se pode dar como exemplo de exclusão justificável as crianças. É igualmente contrário ao interesse da sociedade que uma pessoa esteja ocupando um cargo político importante e seja candidata a representante sem deixar esse cargo.

Um fato negativo que se tem verificado em muitos lugares, inclusive no Brasil, é a influência do poder econômico e do uso de recursos públicos em favor de determinados candidatos. Isso caracteriza corrupção do processo eleitoral, criando uma falsa imagem de livre escolha pelo povo e de autenticidade da representação. O candidato que utiliza esses meios fraudulentos, distribuindo favores ou concedendo vantagens econômicas, ou ainda abusando dos artifícios da publicidade, para a conquista de eleitores, está afrontando os princípios básicos da democracia representativa e reduzindo a possibilidade de se ter um governo democrático.

Escolher representantes e representar o povo são formas de participação no governo. Através dessas atividades, as pessoas influem sobre o modo de organização da sociedade, bem como sobre a escolha dos objetivos que são de interesse de todos e sobre a maneira de procurar realizá-los, influindo, ainda, na definição dos direitos e deveres de cada um. Todas essas tarefas fazem parte do governo de uma sociedade.

Mas, uma vez estabelecidas essas regras, restam ainda muitas tarefas importantes, que também são atividades de governo. Entre outras coisas, é preciso que haja pessoas incumbidas de garantir a aplicação das regras estabelecidas, como também é necessário que outras, com especial preparo, sejam responsáveis pelo esclarecimento das dúvidas quanto ao sentido de uma regra ou à sua aplicação em determinado caso concreto.

A par disso, existe uma infinidade de decisões a tomar e de tarefas a realizar para que as necessidades fundamentais de cada um e as de interesse comum sejam atendidas. Atualmente, o atendimento de tais necessidades não fica apenas a cargo das próprias pessoas ou de grupos particulares. A sociedade, no seu conjunto, assume grande quantidade de encargos, e estes passam, então, a ser considerados tarefas de responsabilidade do governo.

Para a tomada de decisões e o fornecimento de bens e serviços, o governo necessita de algumas pessoas muito bem-dotadas e preparadas, que assumam as posições de chefia. Num sistema democrático, o povo é quem deve escolher livremente essas pessoas. E aqui se aplicam as mesmas observações feitas anteriormente quanto ao direito e à possibilidade de escolher ou de ser escolhido. É indispensável que o maior número possível tenha esses direitos e essas possibilidades, só se excluindo aqueles que, sem nenhuma dúvida, não tiverem condições para agir com plena consciência, liberdade e responsabilidade, como ocupantes desses cargos ou ao participar da escolha dos que devam ocupá-los.

Um tema que vem sendo intensamente debatido nos últimos anos é a exigência de ética no governo. Provavelmente pela decadência dos padrões morais, sob influência da supervalorização dos objetivos econômicos, mas também pela maior vigilância dos meios de comunicação, tem sido registrado o crescimento da corrupção no setor público, sob várias formas. É preciso atentar, porém, para o fato de que corrupção não é apenas apossar-se indevidamente de recursos financeiros públicos e utilizá-los em benefício pessoal. Também existe corrupção quando os governantes utilizam os meios à disposição de seus cargos para buscar objetivos alheios ao interesse público ou contrários a este. Assim, pratica corrupção o governante que, por ação ou omissão, busca estabelecer ou manter privilégios para si ou para seus amigos e associados. Isso é tão grave e tão contrário à ética quanto a corrupção econômica. É importante não esquecer que em grande número de casos a prática de corrupção no setor público envolve um corruptor e um corrupto. Tão culpado quanto o governante ou servidor público corrupto é aquele que, não exercendo qualquer função pública, beneficia-se voluntariamente da corrupção.

É evidente que tudo isso contraria frontalmente e de modo grave o interesse da coletividade, tanto pelo uso indevido ou pela má utilização de recursos públicos, que são desviados para a satisfação de interesses pessoais de governantes, de administradores e de particulares, quanto pelo fato de que a corrupção no governo favorece e mesmo estimula a corrupção na sociedade. Como observou Maquiavel, o notável pensador político italiano do século XVI, querendo ou não os governantes são vistos como exemplo e modelo, que o povo tende a imitar. Além disso, a corrupção no governo gera a convicção de que as práticas desonestas não serão punidas, o que estimula a desonestidade.

Por todos esses motivos e pelos maus efeitos do comportamento antiético dos governantes, deve ser sempre assegurada a participação do povo nas decisões políticas. Nas sociedades modernas, mesmo nas mais democráticas, não é possível dar ao povo, diretamente, a decisão de grande número de assuntos de interesse público, mas o povo deve ter sempre, pelo menos, o direito de escolher os governantes, direta ou indiretamente, conforme o sistema político e de acordo com o que dispuser a Constituição.

É importante saber que o governo não é apenas o Executivo, mas inclui também o Legislativo e o Judiciário. Em termos mais concretos, considerando que o Brasil é uma república presidencial com organização federativa, o povo é que deve escolher, mediante votação livre e secreta, não só quem vai ocupar o cargo de chefe do Executivo, tanto da União quanto do Estado e do Município, como também, pelo mesmo método, os ocupantes dos cargos dos Legislativos. No parlamentarismo, diferentemente da república presidencial, é o Parlamento que escolhe o chefe do Executivo, mas ao votar para escolha dos parlamentares o povo já sabe que está dando a eles um mandato para elegerem o chefe do governo. Isso não torna menos democrática a escolha.

Uma questão que se tem colocado é o processo de escolha dos membros do Judiciário, uma vez que este também é parte do governo. Embora existam bons argumentos favoráveis à escolha dos juízes por meio de votação popular, a maioria dos estudiosos do assunto tende a considerar que esse não é o meio mais adequado em relação aos membros da magistratura. É cada vez mais necessário o bom preparo técnico dos candidatos a juiz, e esse aspecto dificilmente poderá ser bem avaliado através da votação por todo o povo. Além disso, na disputa eleitoral ocorre a interferência de fatores políticos que podem levar à escolha de candidatos de menor qualificação, além de haver o risco de compromissos eleitorais que afetem o bom desempenho, independente e justo, do futuro juiz.

A indicação de juízes pelo Executivo, com aprovação do Legislativo, é uma forma de escolha de juízes que também tem produzido efeitos negativos. O chefe do Executivo só indica pessoas de sua confiança e muitas vezes só se orienta por esse critério, sem se preocupar com as qualidades do escolhido. Feita a escolha, negocia com o Legislativo a aceitação automática do indicado, que não raro, como a prática tem comprovado, não tem a qualificação adequada às responsabilidades da magistratura.

Por esses motivos, visando a garantir a seleção de bons juízes e, ao mesmo tempo, preservar o caráter democrático da escolha, vem ganhando maior prestígio entre os estudiosos do assunto a realização de concursos públicos para indicação dos que irão ocupar os cargos da magistratura e proferir decisões em nome do povo. Esse critério, adotado no Brasil para escolha dos que pretendem ingressar na magistratura, tem dado resultados positivos. É necessário que os concursos sejam realizados com clareza e imparcialidade, sem a possibilidade de privilégios e discriminações. É preciso também democratizar a escolha dos membros dos tribunais, que são os órgãos superiores do Judiciário. Isso poderia ser feito concedendo a todos os juízes o direito de escolher, mediante votação, os ocupantes dos cargos nos tribunais. Esse eleitorado teria a qualificação e o interesse necessários para a boa escolha. A preservação do caráter democrático do Poder Judiciário deve completar-se com a existência de órgãos de controle social, que acompanhem o desempenho administrativo dos tribunais e verifiquem o cumprimento dos deveres funcionais por toda a magistratura.

São também participantes do governo, influindo sobre o seu desempenho, todos os que ocupam cargos públicos ou exercem funções públicas. Na realidade, sem a colaboração dessas pessoas o governo não consegue aplicar suas decisões e realizar seus objetivos.

Entretanto, como é menor a influência das atividades de tais pessoas no conjunto dos atos do governo, admite-se que elas sejam escolhidas sem a participação do povo. Mas as escolhas devem ser feitas de acordo com regras estabelecidas pelos representantes do povo, sempre tendo em conta, antes de tudo, o interesse público. É necessário, igualmente, que sejam realizados concursos públicos para escolha das pessoas que irão ocupar esses cargos e funções, assegurando-se ao maior número possível o direito e a possibilidade de concorrer. Aqui também deverão ser feitas apenas as restrições que o interesse público recomendar.

Finalmente, é indispensável que haja condições para que o povo exerça constante influência sobre o governo, uma vez que este age sempre em nome do povo e no seu interesse. A Constituição brasileira prevê diversos instrumentos de participação popular, cuja utilização favorecerá muito a democratização da ordem social e política brasileira. Estão previstos com maior evidência os seguintes instrumentos: a *iniciativa popular*, que dá aos cidadãos o direito de proporem projetos de lei, federais, estaduais ou municipais, exigindo-se que as propostas sejam assinadas por um número mínimo de eleitores, estabelecido na Constituição; o *plebiscito*, que é uma consulta ao povo sobre assunto de seu interesse; e finalmente o *referendo*, que é também uma forma de consulta aos cidadãos, mas nesse caso sobre projeto em tramitação ou já votado pelo Legislativo.

A par desses meios de participação do povo no governo, a Constituição brasileira estabelece também que haverá, obrigatoriamente, conselhos comunitários participando de decisões sobre educação, saúde e direitos da criança e do adolescente. Devem ser realizadas, também, audiências públicas, para que o povo seja informado e se pronuncie sobre projetos e iniciativas do Legislativo e do Executivo ou sobre decisões que este deve tomar. Além disso tudo, existe ainda a previsão constitucional de ações judiciais que podem ser propostas pelos cidadãos em defesa de direitos e interesses coletivos.

Assim, é necessário que existam meios para que as pessoas do povo sejam bem informadas sobre os objetivos e as decisões do governo. Só em pouquíssimos casos, expressamente enumerados em lei, é que se deve admitir que um plano ou um ato do governo fique em segredo.

Além de ter liberdade para receber e transmitir informações, é preciso que todos sejam livres para manifestar opiniões e críticas sobre o comportamento do governo. Não basta, porém, a Constituição declarar que essas liberdades existem. É preciso que existam realmente meios concretos ao alcance de todo o povo para a obtenção e divulgação das informações, dando-se, também, efetividade às determinações constitucionais quanto aos instrumentos de participação popular, para que o povo participe constantemente do governo, que existe para realizar sua vontade, satisfazer suas necessidades e promover a melhoria de suas condições de vida.

Onde não estiver assegurada a possibilidade de participação direta e indireta do povo no governo, não existe democracia, o governo não é legítimo e o povo não pode ser feliz.

16. Direito de receber os serviços públicos

É PAPEL DO GOVERNO PRESTAR À POPULAÇÃO OS SERVIÇOS ESSENCIAIS. SÃO BENEFICIÁRIAS DE TAIS SERVIÇOS TODAS AS PESSOAS E ENTIDADES QUE VIVEM E ATUAM NO ÂMBITO DE AUTORIDADE DO GOVERNO. POR SEREM ESSENCIAIS, TAIS SERVIÇOS DEVEM SER PRESTADOS A TODOS QUE DELES NECESSITEM, E PARA ISSO O GOVERNO DEVE UTILIZAR OS MEIOS MATERIAIS OBTIDOS PELA CONTRIBUIÇÃO DOS BENEFICIÁRIOS.

No mundo contemporâneo, pobres e ricos, empregados e empregadores, pessoas que se dedicam às mais diversas atividades, todos consideram que o governo tem a obrigação de prestar serviços à população, a tal ponto que mesmo os que se dizem adeptos mais extremados da livre iniciativa e da economia de mercado reclamam a ajuda e proteção dos governos. Até o final do século XIX, muitas pessoas achavam que a única função do governo era manter a ordem pública e cuidar da defesa do país. O governo fazia pouco mais do que isso, deixando quase tudo nas mãos dos particulares.

Mas as condições de vida social mudaram muito. Com a Revolução Industrial (a partir do século XVIII), um número elevado de pessoas saiu do campo e foi para as grandes cidades. Muitas dessas pessoas não conseguiram emprego, outras se empregaram, mas com salários muito baixos. Desse modo foram sendo formadas as periferias das grandes cidades, que desde então são o lugar em que moram os mais pobres. Formou-se também uma camada numerosa de pessoas que ganham pouco e que, por isso, mesmo trabalhando bastante, têm dificuldades para conseguir moradia, alimentação, escola, cuidados de saúde e outros bens e serviços que são indispensáveis para a pessoa humana.

Em consequência de tal situação, desde o final do século XIX os governos tiveram que assumir a responsabilidade de manter serviços destinados a ajudar as pessoas a satisfazerem suas necessidades básicas, especialmente nas áreas de saúde e educação. Assim foram criados muitos serviços públicos. Mas a situação social não mudou muito, e as dificuldades dos mais pobres se agravaram. Além disso, verificou-se que certos serviços não devem ser prestados por particulares, que sempre visam ao lucro e nem sempre estão preocupados com o bem-estar da população.

Por esses motivos, os governos foram assumindo um número cada vez maior de encargos, a quantidade de serviços públicos foi enormemente ampliada, e hoje todas as pessoas, mesmo as mais ricas e mais bem situadas na sociedade, dependem muito de tais serviços. Por isso o direito de receber os serviços públicos deve ser incluído hoje entre os direitos fundamentais da pessoa humana.

Um aspecto importante, que não pode ser esquecido, é que esses serviços são pagos por todo o povo. Em alguns casos, exige-se o pagamento de uma taxa para que uma pessoa obtenha a prestação direta do serviço. Mas no conjunto, considerando-se que não existe a possibilidade de saber quem vai usar e quanto vai necessitar ou receber, todo o povo paga para que os serviços existam, como ocorre, por exemplo, com a Polícia, que é um dos serviços mantidos pelo governo para toda a população. Para a manutenção de tais serviços é que são pagos os impostos.

Por tal razão, todos são obrigados a contribuir, uma vez que o serviço fica à disposição de todos. É interessante assinalar que até as pessoas mais pobres, como os próprios mendigos, dão sua contribuição. Com efeito, quando um mendigo compra um pão ou uma caixa de fósforos, está praticando um ato que obriga a pessoa a pagar imposto. No preço da mercadoria adquirida já está incluído o imposto devido, que vai ser utilizado para a manutenção dos órgãos do governo e de muitos serviços. Como se vê, todas as pessoas, proprietários e não-proprietários, ricos e pobres, empregadores e empregados e até mesmo desempregados e ociosos, contribuem para custear os serviços mantidos pelo governo.

Os serviços públicos devem ser criados, organizados e mantidos para todo o povo. Como todos necessitam e todos pagam, é indispensável que os serviços sejam criados tendo em vista as necessidades de todo o povo, devendo ser proporcionados a todos com a mesma qualidade e presteza. Para prestar adequadamente os serviços, o governo deve estar constantemente atento às necessidades do povo, criando serviços novos, melhorando os já existentes e, quando for o caso, extinguindo os que forem dispensáveis.

Não existe a possibilidade de se estabelecer previamente quais serviços serão de responsabilidade do governo e quais os que serão realizados por particulares. Há serviços que, por sua natureza, deverão ser sempre públicos, como a distribuição de justiça, a manutenção da ordem interna, a defesa do país, o fornecimento de água e luz à população, a manutenção de escolas suficientes para todas as crianças, um serviço, eficiente e dotado de grande autonomia, de vigilância sanitária, para controle dos medicamentos, dos alimentos e outros bens e serviços fornecidos à população, a limpeza das ruas, a vigilância para que não haja poluição do ar e das águas e mais um grande número de serviços.

Em cada país, estado ou cidade é preciso decidir, de acordo com as necessidades e as conveniências do povo, que atividades deverão ser consideradas serviços públicos. Essa qualificação pode mudar quando mudarem as condições de vida, podendo passar a ser público um serviço particular ou vice-versa. Além disso, um serviço público pode ser mantido diretamente pelo governo ou, em lugar disso, ser realizado por um particular que obedeça às condições fixadas pelo governo e seja fiscalizado por este.

Não existe atividade que não possa ser realizada pelo governo. Alguns serviços, como o julgamento das pessoas e o policiamento das ruas, devem ser sempre públicos, assim como todas as atividades que, por sua importância, para o povo, não devem ficar dependendo do interesse de alguns particulares. Outros serviços, porém, podem ficar sob a responsabilidade de pessoas ou empresas privadas. O critério para se decidir se um serviço deve ser público ou particular deverá ser, sempre, o interesse do povo.

As pessoas que, em qualquer atividade, trabalham num serviço público são chamadas de *servidores públicos*. Isso quer dizer que essas pessoas trabalham diretamente para o povo, que é quem paga por seu trabalho. O servidor público tem uma responsabilidade especial na sociedade, pois está colaborando numa atividade considerada das mais importantes para o povo. É preciso que o servidor tenha consciência disso, jamais esquecendo que seu mau desempenho prejudicará interesses e direitos fundamentais de muitas pessoas. Por outro lado, é necessário que os usuários de serviços públicos também se lembrem de que estão usando um serviço que é de todos e procurem colaborar o quanto possível para que o serviço seja eficiente e possa ser utilizado, com igual oportunidade, por todas as pessoas.

Um aspecto importante que deve ser considerado é justamente o da eficiência dos serviços públicos. Como seu objetivo principal é o atendimento das necessidades e conveniências do povo, esse deve ser o critério para avaliação. Um serviço é eficiente quando atinge esse objetivo, quando é prestado nas condições que mais atendam ao interesse do povo. Devem-se levar em conta a qualidade do serviço, o cuidado de que as pessoas que dele necessitem tenham realmente a possibilidade de utilizá-lo e ainda o melhor aproveitamento possível dos recursos existentes.

Os serviços são mantidos com o dinheiro do povo, e por isso nenhum governante, administrador ou servidor pode usar os recursos de um serviço para fazer qualquer coisa que não seja de interesse do povo e do próprio serviço. É necessário que também os usuários se lembrem disso e só procurem utilizar os serviços na medida de suas necessidades e de maneira adequada, respeitando os interesses e direitos dos demais. Desse modo, poderá ser proporcionado um serviço melhor a um número maior de pessoas, assegurando-se a todas o direito fundamental de igual possibilidade de acesso aos serviços públicos.

No final do século XX, as circunstâncias políticas mundiais favoreceram o avanço dos que detêm o poder econômico e controlam as finanças em escala internacional ou em qualquer parte do mundo. Embora buscando frequentemente a ajuda e proteção do Estado, essas pessoas e esses grupos querem que a circulação da riqueza seja inteiramente livre, deixando de sofrer as restrições decorrentes de interesses nacionais e sociais. São também contrários à obrigação de pagar tributos e consideram um desperdício de recursos a prestação de serviços sociais à população. Dando consequência a essas posições, desencadearam, em escala mundial, um movimento pela redução do papel do Estado, propondo, concretamente, a privatização generalizada dos serviços públicos.

A primeira observação necessária é que só por erro ou leviandade alguém poderá propor que o papel do Estado seja o mesmo em todas as partes do mundo. Nos países desenvolvidos, mais ricos, a maioria da população já dispõe de meios e de renda própria para satisfação de muitas de suas necessidades básicas, não precisando recorrer aos serviços prestados pelo Estado. É mais do que evidente que nos países mais pobres, subdesenvolvidos ou em desenvolvimento, a situação é muito diferente. Num país em que milhões de pessoas vivem à margem da sociedade ou em condições de muita pobreza, não tendo recebido educação nem formação profissional, sendo subalimentadas e jamais tendo recebido cuidados de saúde de qualidade razoável, seria genocídio privatizar os serviços públicos e obrigar essas pessoas a pagar por eles.

Só o extremado egoísmo e a mais aboluta insensibilidade moral, aliados à ignorância da História e a uma visão simplória do papel político e social do Estado e do que é Administração Pública, podem levar à defesa da privatização dos serviços públicos como política de governo, onde a maioria do povo não ganha o suficiente para pagamento dos serviços, como acontece no Brasil. Bastaria isso para se ter bem claro o absurdo do modismo da privatização.

Além disso, é indispensável ter em conta que a prestação de serviços essenciais significa o atendimento de necessidades básicas da pessoa humana. Por essa razão, não tem cabimento, nessa área, subordinar as decisões ao critério da conveniência econômica. Em primeiro lugar, essas despesas são necessárias, e seria ilógico pretender que atividades dessa espécie dessem lucro para o Estado. Como complemento dessa observação, é indispensável não esquecer que a iniciativa privada se orienta pelo critério da lucratividade quando decide gastar dinheiro para a implantação e manutenção de qualquer atividade. Assim, a privatização generalizada, como se propõe, significa que os serviços do Judiciário, da Polícia, bem como os de saúde, de educação e tantos outros serviços essenciais, indispensáveis para a sobrevivência das pessoas e para a preservação da dignidade humana, passariam a ser vendidos com o objetivo de lucro.

Em várias partes do Brasil, como, por exemplo, no Rio de Janeiro, onde em meados da década de 90 serviços essenciais foram privatizados, o que já se tem comprovado é que houve um decréscimo na qualidade e na quantidade dos serviços prestados, com grande prejuízo para a grande maioria da população. Portanto, por essas e por muitas outras razões ligadas a considerações de ordem social, política e econômica, não tem qualquer justificativa moralmente aceitável e é contrária ao bem comum a pretensão de retirar dos cidadãos o direito de recebimento dos serviços públicos para satisfação das necessidades essenciais.

17. Direito à proteção dos direitos

Não basta afirmar, formalmente, a existência dos direitos, sem que as pessoas possam gozar desses direitos na prática. A par disso, é indispensável também a existência de instrumentos de garantia, para que os direitos não possam ser ofendidos ou anulados por ações arbitrárias de quem detiver o poder econômico, político ou militar.

Um direito só existe realmente quando pode ser usado. Há muitos casos de direitos que constam da lei, mas que, pelos mais diversos motivos, grande número de pessoas não conhece ou não consegue pôr em prática. Outras vezes, as pessoas percebem que um direito seu está sendo desrespeitado e, por falta de meios de defesa, perdem o direito sem a possibilidade de reagir. Em todas essas situações, aquele que não soube ou não pôde usar o direito e que, por isso, o perdeu sofre um prejuízo injusto.

Muitas vezes, esse prejuízo atinge aspectos fundamentais da vida de uma pessoa. Imagine-se, por exemplo, a situação de um modesto trabalhador preso injustamente sob acusação de ter praticado um crime. Sua família não sabe o que fazer para defendê-lo e não dispõe de recursos para contratar um advogado. Existe grande possibilidade de que esse trabalhador fique preso por muito tempo, mesmo que não tenha tido qualquer participação no crime de que foi acusado. Esse homem perde a liberdade, o emprego, a família, a reputação social, sofrendo prejuízos morais, físicos e patrimoniais, porque seus direitos não foram protegidos.

O primeiro passo para se chegar à plena proteção dos direitos é informar e conscientizar as pessoas sobre a existência de seus direitos e a necessidade e possibilidade de defendê-los. Com efeito, quando alguém não sabe que tem um direito ou dispõe apenas de informações vagas e imprecisas sobre ele, é pouco provável que venha a tomar alguma atitude em defesa desse direito ou que vise à sua aplicação prática. É preciso, portanto, que haja a mais ampla e insistente divulgação dos direitos, sobretudo daqueles que são fundamentais ou que se tornam muito importantes em determinado momento, para que o maior número possível de pessoas tome conhecimento deles.

Tão importante quanto a informação é a formação da consciência de que os direitos precisam ser defendidos, para que não pereçam e também para que fique assegurado o respeito a todos os direitos. A vida em sociedade é necessária para os seres humanos, mas em quase todos os grupos sociais existe uma competição pelas melhores posições e pelo recebimento de mais benefícios e vantagens. É o direito que deve garantir os interesses de cada um e impedir que uns sejam prejudicados pelos outros.

A pessoa que tem um direito violado está sofrendo uma perda de alguma espécie. E, quando essa pessoa que teve um direito ofendido não reage, isso pode encorajar a ofensa a outros direitos seus, pois sua passividade leva à conclusão de que ela não pode ou não quer defender-se. Daí a importância de conscientizar as pessoas para que procurem sempre defender seus direitos.

Não basta, porém, dar à pessoa consciência de seus direitos e da necessidade de defendê-los sem lhe dar meios para que os defenda. Com efeito, é importante que a própria pessoa queira participar da defesa de seus direitos, mas, a par disso, é indispensável a conjugação de uma série de elementos, de pessoas e instituições sociais para que a defesa seja eficiente. Só em casos excepcionais, como a reação imediata a uma agressão ou para impedir um roubo, é que se deve pensar na defesa individual, feita pela própria vítima. Mas também nesses casos os direitos serão mais bem defendidos se forem protegidos por mais de uma pessoa ou por agentes policiais, o que mostra a necessidade de que haja meios de defesa proporcionados pela sociedade.

Para se ter um sistema eficiente de proteção dos direitos é preciso contar com a colaboração do Legislativo, do Executivo e do Judiciário. Ao Poder Legislativo cabe fazer e aprovar as leis necessárias para a proteção dos direitos, tendo o cuidado de garantir a todas as pessoas a possibilidade de se defender. Não basta a lei declarar que todos têm o direito de agir para defender seus direitos. É preciso garantir na prática essa possibilidade. Assim, por exemplo, há muita gente que não tem dinheiro para pagar as despesas de um processo e os honorários de um advogado. Isso precisa ser previsto na lei, para que esta diga de que maneira as pessoas pobres poderão defender-se.

O Poder Executivo tem a obrigação de manter repartições e funcionários encarregados de proteger as pessoas e seus direitos. Grande parte dessa responsabilidade cabe à Polícia, que deve exercer vigilância permanente, para evitar a prática de atos prejudiciais ao direito de alguém. As leis dizem o que a Polícia deve e pode fazer, sendo indispensável que as autoridades policiais também as respeitem, pois, se elas agirem fora da lei, mesmo que seja com a desculpa de proteger as pessoas, ninguém estará seguro. Na verdade, é absurdo uma autoridade praticar atos ilegais e dizer que faz isso para garantir que as leis sejam respeitadas.

O Poder Judiciário tem, igualmente, uma responsabilidade muito grande. Se alguém tiver um direito desrespeitado pode pedir proteção aos juízes e tribunais, seja quem for o culpado pelo desrespeito. Assim, também, quando existir dúvida sobre algum direito, se ele existe ou não, ou a quem ele pertence, é o Poder Judiciário que deve desfazer a dúvida. Para cumprir bem sua tarefa, os juízes devem ter sempre a preocupação de agir com justiça, decidindo sem medo, com serenidade e independência.

É indispensável que o Poder Judiciário esteja bem organizado e que não seja caro demais pedir sua proteção. Caso contrário, a demora nas decisões e a necessidade de muito dinheiro para o pagamento das despesas judiciais farão com que só um pequeno número de pessoas tenha a proteção judicial. Quando o Poder Judiciário pode agir com independência e é respeitado pelo povo e pelas autoridades, é mais raro que ocorram ofensas aos direitos. E quando elas ocorrerem será mais fácil conseguir a proteção e a devolução dos direitos ofendidos ou a punição justa do ofensor.

Um órgão público importante para a proteção dos direitos é o Ministério Público, que compreende os Promotores e os Procuradores de Justiça. Conforme está previsto na Constituição brasileira, o Ministério Público funciona como uma espécie de advogado do povo, vigiando para que a ordem jurídica seja respeitada e podendo pedir que o Judiciário tome as decisões necessárias, visando a proteger os direitos que são de todo o povo ou de pessoas que não têm capacidade para se defenderem sozinhas. A par do Ministério Público, a Constituição prevê também a existência da Defensoria Pública, um corpo de advogados pagos pelo Poder Público para que procedam à defesa dos direitos das pessoas pobres.

A proteção dos direitos é indispensável para que as pessoas, sentindo-se em segurança e respeitando-se reciprocamente, possam viver em paz.

Considerações finais

A consciência dos direitos humanos aumentou no Brasil e no mundo. Graças a um trabalho continuado e persistente de educadores formais e informais, incluindo professores das redes pública e privada, líderes comunitários e pessoas de boa vontade que se empenham na defesa da dignidade humana, já é muito grande o número dos que reconhecem a existência de direitos que fazem parte da própria condição humana e que lutam pela efetivação desses direitos.

Apesar desse avanço, muitos fatores negativos, como as ambições de riqueza e poder, a valorização excessiva dos bens materiais, o egoísmo e a falta de solidariedade, a ignorância, o preconceito e a intolerância, impedem que esses direitos sejam uma realidade para todos. Entretanto, longe de ser motivo para desânimo e acomodação, esses obstáculos devem ser tidos como desafios que podem e devem ser superados. Um dado importante, que deve ser reconhecido, é que no mundo de hoje é praticamente impossível esconder a prática de violência grave contra grupos humanos e manter em silêncio os defensores dos direitos humanos. Esse é um novo ponto de partida, pois até há não muito tempo grande parte da humanidade sofria violências e isso permanecia na sombra, facilitando a continuação e a repetição das agressões à dignidade humana.

O que ainda falta é dar consequência à afirmação dos direitos e à denúncia das violências contra a pessoa humana, sendo necessário despertar as consciências para que ninguém fique indiferente. É preciso falar, ensinar, conscientizar, deixando patente que é dever moral e direito fundamental de todos resistir às injustiças e trabalhar pela criação de uma sociedade em que a pessoa humana seja o primeiro dos valores.

Essa tarefa, do mais alto sentido humano e social, é um dever de todos, mas sobretudo dos educadores, daqueles que podem influir para a formação de novas mentalidades e para que não se reproduza, de geração para geração, a convicção de que as injustiças são inevitáveis e de que é inútil lutar contra elas. Divulgando a consciência dos direitos humanos, promovendo a preparação para o exercício da cidadania, os educadores estarão dando contribuição de extrema relevância para a criação de um mundo novo. É sempre oportuno lembrar o ensinamento do grande papa João XXIII: "Justiça é o novo nome da paz". Divulgando os direitos humanos e preparando as gerações presentes e futuras para o exercício da cidadania os educadores estarão semeando a paz.

Anexo

No século XVIII surgiram as primeiras Declarações de Direitos, documentos que faziam a enumeração dos direitos humanos fundamentais que todos os governos deveriam respeitar. O primeiro documento desse tipo foi a Declaração de Direitos do Estado de Virgínia, na América do Norte, mas o que exerceu mais influência no mundo foi a Declaração dos Direitos do Homem e do Cidadão, aprovada pela Assembleia Nacional francesa em 1789.

No século XX houve duas guerras mundiais, de 1914 a 1918 e de 1939 a 1945, em grande parte causadas pela ambição de poder e de riqueza de alguns homens que desprezavam os direitos humanos. Milhões de pessoas foram mortas nessas guerras e outros milhões sofreram os maiores horrores, perdendo seus entes queridos, tendo que suportar privações, a anulação da liberdade e graves ferimentos, além do terror dos bombardeios e dos combates e da perda de tudo o que possuíam.

Terminada a Segunda Guerra Mundial, os principais líderes dos países vencedores reconheceram que era necessário criar uma associação de países que lembrasse constantemente ao mundo que nenhum objetivo e nenhuma ambição, de qualquer pessoa, de um grupo social ou de um país, justificam o desrespeito aos seres humanos. E assim foi criada a Organização das Nações Unidas (ONU).

Para que fosse permanentemente relembrado o valor da pessoa humana e para estabelecer o mínimo necessário que todos os países e todas as pessoas devem respeitar, a ONU encarregou um grupo de pessoas de grande autoridade moral, entre as quais filósofos, juristas, cientistas políticos, historiadores, de várias partes do mundo, de redigir uma nova Declaração de Direitos. Esses estudiosos se reuniram, pediram a opinião de muitas outras pessoas e, afinal, prepararam um documento que proclamava os direitos humanos, que em nossa época devem ser considerados fundamentais.

Preocupados não somente com a afirmação dos direitos, como também com sua aplicação prática, os autores da Declaração não se limitaram a fazer a enumeração desses direitos. Indicaram, com pormenores, algumas exigências que devem ser atendidas para que a dignidade humana seja respeitada, para que as pessoas convivam em harmonia, para que umas pessoas não sejam exploradas e humilhadas por outras, para que nas relações entre as pessoas exista justiça, sem a qual não poderá haver paz.

Assim nasceu a Declaração Universal dos Direitos Humanos, aprovada pela ONU em 10 de dezembro de 1948. É um conjunto de trinta artigos, nos quais estão indicados os direitos fundamentais e suas exigências. Ela foi chamada de universal porque se dirige a toda a humanidade, devendo ser respeitada e aplicada por todos os países e por todas as pessoas, em benefício de todos os seres humanos, sem qualquer exceção.

A Declaração Universal dos Direitos Humanos foi assinada por países do mundo inteiro, inclusive pelo Brasil, e vale como um compromisso moral desses países. É necessário que o maior número possível de pessoas conheça a Declaração, para cobrar de seus governos o respeito ao compromisso assumido. Esse é o caminho para que todos os seres humanos sejam felizes e vivam em paz.

DECLARAÇÃO UNIVERSAL DOS DIREITOS HUMANOS

Preâmbulo: Considerando que o reconhecimento da dignidade inerente a todos os membros da família humana e dos seus direitos iguais e inalienáveis constitui o fundamento da liberdade, da justiça e da paz no mundo;

Considerando que o desconhecimento e o desprezo dos direitos da pessoa humana conduziram a atos de barbárie que revoltam a consciência da Humanidade, e que o advento de um mundo em que os seres humanos gozem da liberdade de expressão e de crença, libertos do terror e da miséria, foi proclamado como a mais alta aspiração do ser humano;

Considerando que é essencial a proteção dos direitos da pessoa humana através de um regime de direito, para que o ser humano não seja compelido, como último recurso, à rebelião contra a tirania e a opressão;

Considerando que é essencial encorajar o desenvolvimento de relações amistosas entre as nações;

Considerando que, na Carta, os povos das Nações Unidas reafirmam a sua fé nos direitos fundamentais da pessoa humana, na dignidade e no valor da pessoa humana, na igualdade de direitos dos homens e das mulheres, e que decidiram promover o progresso social e instaurar melhores condições de vida dentro de uma liberdade mais ampla;

Considerando que os Estados-membros se comprometeram a promover, em cooperação com a Organização das Nações Unidas, o respeito universal e efetivo dos direitos da pessoa humana e das liberdades fundamentais;

Considerando que uma compreensão comum destes direitos e liberdades é da mais alta importância para dar plena satisfação a tal compromisso:

A Assembleia Geral proclama a presente Declaração Universal dos Direitos Humanos como o ideal comum a ser atingido por todos os povos e todas as nações, a fim de que todos os indivíduos e todos os órgãos da sociedade, tendo-a constantemente no espírito, se esforcem, pelo ensino e pela educação, em promover o respeito a esses direitos e liberdades e em assegurar, por medidas progressivas de ordem nacional e internacional, o seu reconhecimento e a sua aplicação universais e efetivos, tanto entre as populações dos próprios Estados-membros como entre as dos territórios colocados sob a sua jurisdição.

Artigo I. Todos os seres humanos nascem livres e iguais em dignidade e direitos. São dotados de razão e consciência e devem agir em relação uns aos outros com espírito de fraternidade.

Artigo II. Todo ser humano tem capacidade para gozar os direitos e as liberdades estabelecidas nesta Declaração, sem distinção de qualquer espécie, seja de raça, cor, sexo, língua, religião, opinião política ou de outra natureza, origem nacional ou social, riqueza, nascimento ou qualquer outra condição. Não será também feita nenhuma distinção fundada na condição política, jurídica ou internacional do país ou território a que pertença uma pessoa, quer se trate de um território independente, sob tutela, sem governo próprio, quer sujeito a qualquer outra limitação de soberania.

Artigo III. Todo ser humano tem direito à vida, à liberdade e à segurança pessoal.

Artigo IV. Ninguém será mantido em escravidão ou servidão; a escravidão e o tráfico de escravos serão proibidos em todas as suas formas.

Artigo V. Ninguém será submetido a tortura nem a tratamento ou castigo cruel, desumano ou degradante.

Artigo VI. Todo ser humano tem o direito de ser, em todos os lugares, reconhecido como pessoa humana, perante a lei.

Artigo VII. Todos são iguais perante a lei e têm direito, sem qualquer distinção, a igual proteção da lei. Todos têm direito a igual proteção contra qualquer discriminação que viole a presente Declaração e contra qualquer incitamento a tal discriminação.

Artigo VIII. Todo ser humano tem direito a receber, dos tribunais nacionais competentes, remédio efetivo para os atos que violem os direitos fundamentais que lhe sejam reconhecidos pela Constituição ou pela lei.

Artigo IX. Ninguém será arbitrariamente preso, detido ou exilado.

Artigo X. Todo ser humano tem direito, em plena igualdade, a uma justa e pública audiência por parte de um tribunal independente e imparcial, para decidir de seus direitos e deveres ou do fundamento de qualquer acusação criminal contra ele.

Artigo XI. Toda pessoa acusada de um ato delituoso tem o direito de ser presumida inocente, até que sua culpabilidade tenha sido provada de acordo com a lei, em julgamento público, no qual lhe tenham sido asseguradas todas as garantias necessárias à sua defesa. Ninguém será condenado por atos ou omissões que, no momento em que foram cometidos, não tenham sido delituosos segundo o direito nacional ou internacional. Tampouco será imposta penalidade mais grave do que a aplicável no momento em que foi cometido o delito.

Artigo XII. Ninguém será sujeito a interferências na sua vida privada, na sua família, no seu lar ou na sua correspondência, nem a ataques à sua honra e reputação. Todo ser humano tem direito à proteção da lei contra tais interferências ou ataques.

Artigo XIII. Toda pessoa tem direito à liberdade de locomoção e residência dentro das fronteiras de cada Estado. Toda pessoa tem direito a sair de qualquer país, inclusive do próprio, e a ele regressar.

Artigo XIV. Toda pessoa, vítima de perseguição, tem o direito de procurar e de gozar asilo em outros países. Este direito não poderá ser invocado contra uma ação judicial realmente originada em delitos comuns ou em atos opostos aos propósitos e princípios das Nações Unidas.

Artigo XV. Todo ser humano tem direito a uma nacionalidade. Não se privará ninguém arbitrariamente da sua nacionalidade nem do direito de mudar de nacionalidade.

Artigo XVI. Os homens e as mulheres de maior idade, sem qualquer restrição de raça, nacionalidade ou religião, têm o direito de contrair matrimônio e constituir uma família. Gozam de iguais direitos em relação ao casamento, sua duração e dissolução. O casamento não será válido senão com o livre e pleno consentimento dos nubentes. A família é o núcleo natural e fundamental da sociedade e tem direito à proteção da sociedade e do Estado.

Artigo XVII. Todo ser humano tem direito à propriedade, só ou em sociedade com outros. Ninguém será arbitrariamente privado de sua propriedade.

Artigo XVIII. Todo ser humano tem direito à liberdade de pensamento, consciência e religião. Este direito inclui a liberdade de mudar de religião ou crença e a liberdade de manifestar essa religião ou crença pelo ensino, pela prática, pelo culto e pela observância, isolada ou coletivamente, em público ou em particular.

Artigo XIX. Todo ser humano tem direito à liberdade de opinião e expressão. Este direito inclui a liberdade de, sem interferências, ter opiniões e de procurar, receber e transmitir informações e ideias por quaisquer meios e independentemente de fronteiras.

Artigo XX. Todo ser humano tem direito à liberdade de reunião e associação pacíficas. Ninguém pode ser obrigado a fazer parte de uma associação.

Artigo XXI. Todo ser humano tem o direito de tomar parte no governo do próprio país diretamente ou por intermédio de representantes livremente escolhidos. Todo ser humano tem o direito de acesso, em condições de igualdade, às funções públicas de seu país. A vontade do povo é a base da autoridade do Poder Público; esta vontade deverá ser expressa mediante eleições autênticas que deverão realizar-se periodicamente, por sufrágio universal e igual e por voto secreto ou outro procedimento equivalente que garanta a liberdade do voto.

Artigo XXII. Todo ser humano, como membro da sociedade, tem direito à segurança social e à realização, pelo esforço nacional, pela cooperação internacional, e de acordo com a organização e recursos de cada Estado, dos direitos econômicos, sociais e culturais indispensáveis à sua dignidade e ao livre desenvolvimento de sua personalidade.

Artigo XXIII. Todo ser humano tem direito ao trabalho, à livre escolha do emprego, a condições justas e favoráveis de trabalho e à proteção contra o desemprego. Todo ser humano, sem qualquer distinção, tem direito a igual remuneração por igual trabalho. Todo ser humano que trabalha tem direito a uma remuneração justa e satisfatória, que lhe assegure, assim como à sua família, uma existência compatível com a dignidade humana e a que se acrescentarão, se necessário, outros meios de proteção social. Todo ser humano tem direito a organizar sindicatos e a neles ingressar para a proteção de seus interesses.

Artigo XXIV. Todo ser humano tem direito a repouso e lazer, inclusive à limitação razoável das horas de trabalho e a férias remuneradas periódicas.

Artigo XXV. Todo ser humano tem direito a um padrão de vida capaz de assegurar a si e à sua família saúde e bem-estar, inclusive alimentação, vestuário, habitação, cuidados médicos e os serviços sociais indispensáveis e direito à segurança em caso de desemprego, doença, invalidez, viuvez, velhice ou outros casos de perda dos meios de subsistência em circunstâncias fora de seu controle. A maternidade e a infância têm direito a cuidados e assistência especiais. Todas as crianças, nascidas de matrimônio ou fora dele, têm direito a igual proteção social.

Artigo XXVI. Todo ser humano tem direito à instrução. A instrução será gratuita, pelo menos nos graus elementares e fundamentais. A instrução elementar será obrigatória. A instrução técnico-profissional será acessível a todos, bem como a instrução superior, esta baseada no mérito. A instrução será orientada no sentido do pleno desenvolvimento da personalidade humana e do fortalecimento do respeito pelos direitos da pessoa humana e pelas liberdades fundamentais. A instrução promoverá a compreensão, a tolerância e a amizade entre todas as nações e grupos raciais ou religiosos e coadjuvará as atividades das Nações Unidas em prol da manutenção da paz. Os pais têm prioridade de direito na escolha do gênero de instrução que será ministrada a seus filhos.

Artigo XXVII. Todo ser humano tem o direito de participar livremente da vida cultural da comunidade, de fruir das artes e de participar do progresso científico e de seus benefícios. Todo ser humano tem direito à proteção dos interesses morais e materiais decorrentes de qualquer produção científica, literária ou artística da qual seja autor.

Artigo XXVIII. Todo ser humano tem direito a uma ordem social e internacional em que os direitos e liberdades estabelecidos na presente Declaração possam ser plenamente realizados.

Artigo XXIX. Todo ser humano tem deveres para com a comunidade, na qual é possível o livre e pleno desenvolvimento de sua personalidade. No exercício de seus direitos e liberdades, todo ser humano está sujeito apenas às limitações determinadas pela lei, exclusivamente com o fim de assegurar o devido reconhecimento e respeito dos direitos e liberdades de outrem e de satisfazer às justas exigências da moral, da ordem pública e do bem-estar de uma sociedade democrática. Esses direitos e liberdades não podem, em hipótese alguma, ser exercidos contrariamente aos objetivos e princípios das Nações Unidas.

Artigo XXX. Nenhuma disposição da presente Declaração pode ser interpretada como o reconhecimento a qualquer Estado, grupo ou pessoa do direito de exercer qualquer atividade ou praticar qualquer ato destinado à destruição de quaisquer direitos e liberdades aqui estabelecidos.

Bibliografia

ARNS, Cardeal Paulo Evaristo. *A violência em nossos dias*. São Paulo, Salesiana Dom Bosco, 1983.

BENEVIDES, Maria Victória de Mesquita. *A cidadania ativa*. São Paulo, Ática, 1996.

BICUDO, Hélio. *Direitos humanos e sua proteção*. São Paulo, FTD, 1997.

BUCCI, Maria Paula Dallari e outros. *Direitos humanos e políticas públicas*. São Paulo, Cadernos POLIS, 2002.

CARDIA, Nancy. *Direitos humanos: Ausência de cidadania e exclusão moral*. São Paulo, Comissão Justiça e Paz, 1995.

CHAUÍ, Marilena e outros. *Direitos humanos e...* São Paulo, Brasiliense, 1989.

COHN, Amélia e outros. *Acidentes do trabalho: uma forma de violência*. São Paulo, Brasiliense, 1985.

DALLARI, Dalmo de Abreu. *O que são direitos da pessoa*. São Paulo, Brasiliense, 1994.

DALLARI, Dalmo de Abreu e KORCZAK, Janus. *O direito da criança ao respeito*. São Paulo, Summus, 1986.

DALLARI, Sueli Gandolfi. *A saúde do brasileiro*. São Paulo, Moderna, 1987.

LEVIN, Leah. *Direitos humanos: perguntas e respostas*. São Paulo, Brasiliense, 1985.

NOGUEIRA, Paulo Lúcio. *Em defesa da vida*. São Paulo, Saraiva, 1995.

PIRES, Cecília. *A violência no Brasil*. São Paulo, Moderna, 1985.

SANTOS JÚNIOR, Belisário e outros. *Direitos humanos – Um debate necessário*. São Paulo, Brasiliense, 1988.